2008 Brazilian Design Profile

1.ª edição — 2008

ABEDESIGN
Rua Artur de Azevedo, 1767 cj. 176
05415-010 — São Paulo, SP — Brasil
Tel/Fax: 55 (11) 3067-6132
e-mail: abedesign@abedesign.com.br
site: www.abedesign.org.br

EDITORA BLUCHER
Rua Pedroso de Alvarenga, 1245 — 4.º andar
04531-012 — São Paulo, SP — Brasil
Fax: 55 (11) 3079-2707
Tel.: 55 (11) 3078-5366
e-mail: editora@blucher.com.br
site: www.blucher.com.br

ISBN 978-85-212-0448-0

DADOS INTERNACIONAIS DE CATALOGAÇÃO NA PUBLICAÇÃO (CIP)
(Câmara Brasileira do Livro, SP. Brasil)

Brazilian Design Profile. -- São Paulo : Blucher, 2008.

Edição trilíngüe : português/inglês/espanhol.
ISBN 978-85-212-0448-0

1. Design - Brasil

07 - 10002   CDD - 745.44981

Índices para catálogo sistemático:
1. Brasil : Design   745.44981
2. Design brasileiro   745.44981

2008 Brazilian Design Profile

APEX
ABEDESIGN
BLUCHER

O design brasileiro se apresenta no cenário internacional

Brazilian design introduces itselt in the international scenery

El design brasileño se presenta em el escenario internacional

Um conjunto de fatores levou à criação do Brazilian Design Profile 2008.

O país conta com aproximadamente 800 empresas de design e acreditamos que somente com a organização delas — nos moldes do que faz a ABEDESIGN — a atividade pode se impor como setor empresarial, com todos os benefícios que daí advenham, como o aumento da produção, da exportação ou o crescimento dos postos de trabalho. Esta publicação é, sem dúvida, um meio de reforçar essa estruturação ao divulgar os interesses do setor.

Há, ainda, o fato de que o design brasileiro vem se desenvolvendo e se expandindo com sucesso para as mais diversas áreas, interna e externamente. Prova disso são os prêmios internacionais que associados da ABEDESIGN têm recebido por seus trabalhos. Nada mais natural, portanto, que tal sucesso demande divulgação.

Por essas, entre outras razões, com o apoio da APEX-BRASIL, os associados da ABEDESIGN produziram o Brazilian Design Profile 2008. A obra, que mostra a força criativa, a versatilidade e a jovialidade da recente produção do design brasileiro, seguramente insere o Brasil no cenário do design internacional.

Manoel Müller
Presidente da ABEDESIGN

The creation of Brazilian Design Profile 2008 was driven by a set of events.

The country has about 800 design companies and we believe that only with their organization – in the ways of ABEDESIGN – the activity can be established as a business sector, with all the benefits that comes from it, such as, increasing in production, exportation, or workforce growth. Undoubtedly, this publishing is a way of reinforcing such structure.

Therefore, Brazilian design is developing and expanding successfully into different areas, internally and externally. A proof of that are the international awards won by associates of ABEDESIGN for works done. So, naturally such success demands to be published.

Among several reasons, supported by APEX-BRASIL, the associates of ABEDESIGN yield the Brazilian Design Profile 2008. A masterpiece, that shows the creative strength, versatility, and joviality of the recent Brazilian design productions, certainly places Brazil in the international design scenery.

Tenemos un conjunto de factores que llevó a la creación del Brazilian Design Profile 2008.

El país cuenta con aproximadamente 800 empresas de design y creemos que solamente con organización — como se hace ABEDESIGN — la actividad puede imponerse como sector empresarial, con todos los beneficios venidos de ahí, como el aumento de la producción, de la exportación, o el crecimiento de las oportunidades de trabajo. Esta publicación es, sin duda, un medio de reforzar esa estructuración, al divulgar los intereses del sector.

Hay, aún, el facto de que el design brasileño viene desarrollándose y expandiéndose con suceso para las más distintas áreas, interna e externamente. Prueba de esto son los premios internacionales que los asociados de la ABEDESIGN tienen recibido por sus trabajos. Nada más natural, por tanto, que este suceso traiga la divulgación.

Por estas, entre otras razones, con el apoyo de la APEX-BRASIL, los asociados de la ABEDESIGN produjeron el Brazilian Design Profile 2008 La obra, que muestra la fuerza creadora, la versatilidad y la jovialidad de la reciente producción del design brasileño, seguramente pone el Brasil en el escenario del design internacional.

APEX-BRASIL

A disputa por espaço no mercado internacional, cada vez mais acirrada, só reforça a percepção de que para competir é preciso oferecer algo diferente, mais bem concebido, que crie identificação e seduza os consumidores pela solução apresentada ou pelo grau de inovação desenvolvido.

Qualquer país que queira participação relevante no comércio mundial deve constantemente criar e aperfeiçoar seus produtos, investindo em inovação, tecnologia e design.

Para ganharmos novos mercados e consolidar os já existentes, é fundamental um vigoroso trabalho de construção da imagem do produto brasileiro no exterior, de forma a agregar-lhe um diferencial que aumente seu valor de mercado. E a contribuição do design nesse processo é indiscutível.

O Brasil tem todas as condições de avançar em direção a esse objetivo, com a contribuição de profissionais criativos que vêm ganhando espaço no mercado interno e cada vez mais destaque no externo.

A parceria entre a Agência de Promoção de Exportações e Investimentos (APEX-BRASIL) e a Associação Brasileira de Empresas de Design (ABEDESIGN) para promover a exportação de serviços de design resulta do reconhecimento do potencial desse setor. Temos um design criativo e único no mundo, com empresas competitivas, cujo trabalho vem sendo reconhecido nas mais importantes premiações internacionais do gênero.

A APEX-BRASIL continuará apoiando fortemente o design brasileiro porque acredita nas potencialidades do setor e vê enormes possibilidades de esse segmento agregar valor às exportações brasileiras.

Alessandro Teixeira
Presidente da Agência de Promoção das Exportações e Investimentos (Apex Brasil)

The competition for the international market comes to reinforce the perception of the needs to supply something different and more creative, that might increase the identification and might persuade the consumers by the presented solutions or by the degree of developing innovation.

Any country that wants to participate in the worldwide commerce must constantly create and improve its products, investing in innovation, technology and design. In order to gain new markets and to consolidate the already existing ones, it is essential a vigorous work in building the image of Brazilian products overseas. This way it will aggregate a differential that increases market value. The contribution of the design in such process is unquestionable.

Brazil has all elements to shore up such objective, with the contribution of its creative professionals, who have been conquering the intern market and have as well been effectively present in the extern market.

APEX-BRASIL (Agência de Promoções de Exportações e Investimentos), partnership with ABEDESIGN (Associação Brasileira de Empresas de Design) to promoting the design services exportation results in the recognition of this sector potential.

We have a creative and unique design in the whole world, within competitive companies, whose work is being recognized by the most important international awards in the category.

APEX-BRASIL will strongly continue supporting the Brazilian design. Because it believes in the sector potentialities and it sees huge possibilities of this segment to increase value to Brazilian export business.

La disputa por espacio en el mercado internacional, cada vez mayor, sólo refuerza la percepción de que para competir es necesario ofrecer algo diferente, más bien concebido, que cree identificación y seduzca los consumidores por la solución presentada o por el grado de innovación desarrollado.

Cualquier país que piense en tener una participación relevante en el comercio mundial debe constantemente crear y perfeccionar sus productos, invistiendo en innovación, tecnología y design.

Para que ganemos nuevos mercados y consolidemos los ya existentes, es importante un vigoroso trabajo de construcción de la imagen del producto brasileño en el exterior, de forma a agregarle un diferencial que aumente su valor de mercado. Y la contribución del design en ese proceso es indiscutible.

Brasil tiene todas las condiciones de avanzar en la dirección a ese objetivo, con la contribución de profesionales creativos que vienen ganando espacio en el mercado interno y cada vez más destaque en el externo.

La asociación entre la Agência de Promoção de Exportações e Investimentos (APEX-BRASIL) y la Associação Brasileira de Empresas de Design (ABEDESIGN) para promover la exportación de servicios de design resulta del reconocimiento de potencial de ese sector. Tenemos un design creativo y único en el mundo, con empresas competitivas, y su trabajo es reconocido cada vez más con importantes premios internacionales.

APEX-BRASIL continuará apoyando fuertemente el design brasileño porque acredita en las potencialidades del sector y percibe enormes posibilidades de ese segmento agregar valor a las exportaciones brasileñas.

Grupo exportador –
design para exportação

Exporting group –
design to exporting

Grupo exportador –
design para exportación

Nos últimos anos, o design brasileiro vem expandindo sua participação no mercado internacional. Prova disso é a crescente atuação do grupo exportador de empresas brasileiras de design, formado a partir do convênio APEX-BRASIL e ABEDESIGN — que se transformou em uma ferramenta fundamental para a disseminação da importância do design brasileiro, dado seu papel estratégico na competitividade interna e externa. Presente em cada momento do cotidiano, em cada produto consumido, em cada serviço utilizado, o design perpassa qualquer reflexão que se faça hoje sobre sociedade, economia ou cultura. O grupo exportador — que conta com vencedores de importantes prêmios de design internacional, como Idea, Design Preis, IF Design, Red Dot e G Mark, entre outros — reúne principalmente empresas de *branding*, design gráfico, produtos e digital, e abrange áreas como a de embalagens, editorial, de identidade visual, sinalização, jóias, calçados, moda, web, bem como mobiliário urbano e residencial. Todo esse conjunto compõe uma ampla representação de todos os setores do design brasileiro.

Nesta primeira versão do Brazilian Design Profile, o leitor tem uma excelente oportunidade para conhecer a estrutura operacional, a gama de serviços e, principalmente, a criatividade e originalidade do design das empresas do grupo exportador.

Luciano Deos
Vice-presidente da ABEDESIGN
Coordenador do Grupo exportador

Lately, Brazilian design has largely been expanding its participation in the international market. A proof of that is the increasing performance of the exporting group in Brazilian design companies, within the partnership APEX-BRASIL and ABEDESIGN – that became a fundamental tool to spread the importance of the Brazilian design, given its strategic role in the internal and external competitive market.

Being present day-by-day in every consumed product and in every used service, the design is part of any reflection that applies to the society, economics, or culture. The exporting group – such as Idea, Design Preis, IF Design, Red Dot and G Mark, amongst others – puts together companies of branding, graphic design, products and digital, and covers packaging, editorials, visual identity, sign graphics, jewelry, shoe business, fashion, web, and urban and residential housing. All these set of markets make an overall representation of Brazilian designing sectors.

At this first Brazilian Design Profile publishing, the reader has an excellent opportunity to be aware of the operational structure, a set of services, and mainly the creativeness and originality of the design business from the exporting group companies.

En los últimos años, el design brasileño viene expandiendo su participación en el mercado internacional. Prueba de esto es la creciente actuación del grupo exportador de empresas brasileñas de design, formado a partir del convenio de APEX-BRASIL y ABEDESIGN — que se transformó en una herramienta fundamental para la diseminación de la importancia del design brasileño y por su papel estratégico en la competitividad interna y externa. Presente en cada momento del cotidiano, en cada producto consumido, en cada servicio utilizado, el design transpone cualquier reflexión que se haga hoy sobre sociedad, economía o cultura. El grupo exportador — que cuenta con vencedores de importantes premios de design internacional, como Idea, Design Preis, IF Design, Red Dot y G Mark entre otros — reúne principalmente empresas de brading, design gráfico, productos y digital, incluyendo áreas como de embalajes, de editorial, de identidad visual, señalización, joyas, zapatos, moda, web, y mobiliario urbano y residencial. Todo este conjunto compone una amplia representación de todos los sectores del design brasileño.

En esta primera versión del Brazilian Design Profile, el lector tiene una excelente oportunidad para conocer la estructura operacional, la gama de servicios y, principalmente, la creatividad y originalidad del design de las empresas del grupo exportador.

Conheça o Brasil

- O Brasil é a quinta maior população mundial — cerca de 190 milhões de habitantes — e a quinta maior área, com 8,5 milhões de quilômetros quadrados. A cidade de São Paulo é a maior do país (com 10,8 milhões de habitantes), seguindo-se Rio de Janeiro (6 milhões) e Salvador (2,9 milhões). A capital do Brasil é Brasília.
- Por sua dimensão continental, o clima vai de subtropical a equatorial e o país concentra quase 20% da biodiversidade mundial. A economia do Brasil é horizontal e sua produção é bastante diversificada, com destaque para o agronegócio, em franca expansão (soja e carne bovina), *commodities* (aços, minérios) e a indústria automobilística e de aviação, que exporta para o mundo.
- É a maior economia da América do Sul, com produto interno bruto, calculado pela paridade do poder de compra (PIB/PPC), de 1,6 trilhão de dólares, e está situado na sexta posição na economia mundial, segundo o Banco Mundial (Bird).
- A renda *per capita* média brasileira é de 8,6 mil dólares.
- Produziu em 2007 cerca de 2,7 milhões de veículos por ano.
- Mais de 56 milhões de pessoas estão conectadas à internet.
- Mais de 120 milhões de aparelhos de telefone móvel celular.
- Cerca de 100 mil estudantes de design estão distribuídos em 390 cursos superiores, nas áreas de design de moda, de interiores, de produto e gráfico.

Knowing Brazil

- Brazil has the fifth major world population – about 190 million inhabitants – and the fifth largest area, with 8.5 million square meters. The city of Sao Paulo is the largest of the country (10.8 million inhabitants), followed by Rio de Janeiro (6 million) and Salvador (2.9 million). Brasilia is the capital.
- Due to Brazilian continental dimension, the climate goes from subtropical to equatorial and the country concentrates almost 20% of its worldwide biodiversity. Brazilian economy is horizontal and its production is diversified. Highlighting the agro business (soybean and bovine meat), commodities (steel, ore), and automobile and aviation industry, large offshore exportation.
- Brazil is the largest economy of South America. Its Gross Domestic Product (GDP) is 1.6 billion dollars, calculated by its power of purchasing. It is placed as the sixth worldwide economy, according to the World Bank (BIRD).
- The average per capita income in Brazil is 8.6 thousand dollars.
- In 2007, Brazil produced about 2.7 million vehicles.
- More than 56 million people are connected to the internet.
- There are more than 120 million cell phones in use.
- About 100 thousand design students are placed in the 390 college courses, in the areas of fashion design, home/interior design, products design and graphic design.

Conozca el Brasil

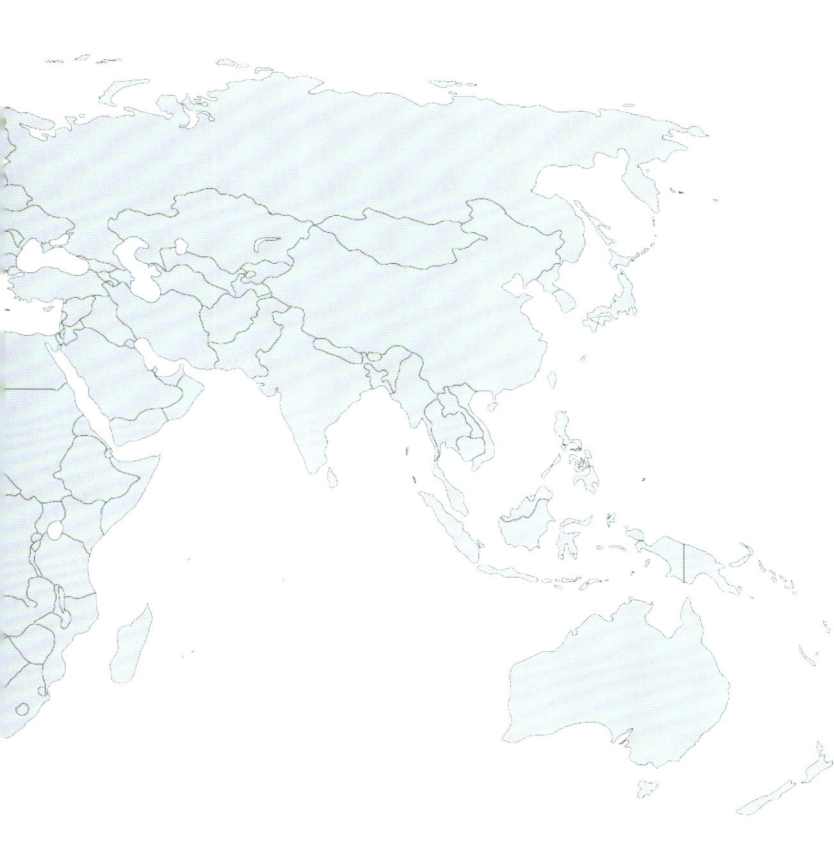

- El Brasil tiene la quinta mayor población mundial — cerca de 190 millones de habitantes — y la quinta mayor área, con 8,5 millones de quilómetros cuadrados. La ciudad de São Paulo es la mayor del país (con 10,8 millones de habitantes), después tenemos Rio de Janeiro (con 6 millones) y Salvador (con 2,9 millones). La capital de Brasil es Brasilia.
- Por su dimensión continental, el clima es subtropical y también ecuatorial, y el país concentra casi 20% de la biodiversidad mundial. La economía de Brasil es horizontal y su producción es muy diversificada, con destaque para el agronegocio, en franca expansión (soja y carne bovina), commodities (aceros, minerales) y la industria automovilística y de aviación, que exporta para el mundo.
- Es la mayor economía de la América del Sur, con producto interno bruto, calculado por la paridad del poder de compra (PIB/PPC, de 1,6 trillón de dólares, y está situado en la sexta posición en la economía mundial, segundo el Banco Mundial (Bird).
- La renda per capita media brasileña es de 8,6 mil dólares.
- Produjo en 2007 cerca de 2,7 millones de vehículos por año.
- Más de 56 millones de personas están conectadas a la Internet.
- Más de 120 millones de aparatos de teléfono móvil.
- Cerca de 100 mil estudiantes de design están distribuidos en 390 cursos superiores, en las áreas de design de moda, de interiores, de producto y gráfico.

Ary Diesendruck

Os brasileiros

O povo brasileiro é formado principalmente por descendentes de portugueses, índios e africanos, e de diversos grupos de imigrantes, como italianos, alemães, espanhóis e sírio-libaneses. É cordial e intimista. Alegre, gosta de se reunir com os amigos, é efusivo, comunicativo — de uma forma, aliás, bem diferente da de seus ascendentes europeus.

No meio empresarial, o brasileiro busca laços de amizade, fator determinante, muitas vezes, para a concretização de uma negociação. É comum em reuniões de negócios o convite para um momento de descontração: "Vamos tomar um cafezinho?"

O caráter do povo, aberto a receber influências e novas informações, manifesta-se na sua expressão artística. Na música, todos os ritmos e estilos têm vez, do rock ao samba, do funk ao sertanejo, além da bossa nova, reconhecida internacionalmente pelo trabalho de compositores como Tom Jobim e João Gilberto. Nas artes plásticas e na arquitetura, diversas escolas se desenvolveram, com artistas que criaram trabalhos significativos, como os pintores Tarsila do Amaral, Cândido Portinari, o escultor Victor Brecheret, com destaque para os arquitetos Oscar Niemeyer e Lúcio Costa, que nos anos 1950 criaram a cidade de Brasília, capital federal do país, considerada Patrimônio Cultural da Humanidade pela Unesco.

Estes são poucos exemplos, entre os incontáveis que se pode achar por um rápido passeio pelo país, mas, com certeza, dão a idéia de que o Brasil oferece uma fértil base criativa para o desenvolvimento do design.

The brazilian people

The Brazilian people are mainly formed by Portuguese, Native Indian and African descendants, as well as several immigrant groups (Italian, German, Spanish, and Lebanese). They are gentle, intimist, and joyful. They like to gather with friends. They are effusive and communicative – in a certain way they are a bit different of their European ancestors.

Brazilian people seek for friendship in the business environment. This is a determinant factor, many times, to a completion of a negotiation. It is common, in business meeting, to have an invitation to a moment of entertainment – "Let's have some coffee?".

The people characteristic, opening to new influences and information, is shown in its art. In the music, all rhythms and styles have place, from rock n' roll to samba, from funk to country, besides bossa nova, internationally known by the works of Tom Jobim and João Gilberto. There are several styles developed in the architecture and paintings. Tarsila do Amaral, Candido Portinari, Victor Brecheret are some meaningful artists. In the architecture, in the 50s, Oscar Niemeyer and Lúcio Costa projected the city of Brasilia, which is the federal capital of Brazil, today considered human cultural patrimony by UNESCO.

These are some few examples of the uncountable ones that you can find in a fast tour around the country. However, surely, they give an idea of how Brazil offers a very fertile, creative base to the development of the design.

Brasileños

El pueblo brasileño es formado principalmente por descendientes de portugueses, indios y africanos, además, también de distintos grupos de inmigrantes, tales como italianos, alemanes, españoles y sirio libaneses. Es cordial e intimista. Alegre, le gusta reunirse con los amigos, es efusivo, comunicativo — de una manera diferente de sus ascendientes europeos.

En el medio empresarial, el brasileño busca lazos de amistad, factor determinante, muchas veces, para la concretización de un negocio. Es común en reuniones de negocios el convite a un momento para relajarse: "Bamos a tomar un café?"

El carácter del pueblo, abierto a recibir influencias y nuevas informaciones, se manifiesta en su expresión artística. En la música, todos los ritmos y estilos son aceptos, del rock a la samba, del funk al sertanejo, además de la bossa nova, reconocida internacionalmente por el trabajo de cantantes como Tom Jobim y João Gilberto.

En las artes plásticas y en la arquitectura, muchas escuelas se desarrollaron con artistas que crearon trabajos significativos, como los pintores Tarsila do Amaral, Cândido Portinari, el escultor Victor Brecheret, con destaque para los arquitectos Oscar Niemeyer y Lúcio Costa, que en los años 1950 crearon la ciudad de Brasilia, capital federal del país, considerada un Patrimonio Cultural de la Humanidad por la Unesco.

Estos son pocos ejemplos, entre los incontables que se puede pensar por un rápido paseo por el país, pero, con certeza, trae una idea de que el Brasil ofrece una fértil base creativa para el desarrollo del design.

I — Design para exportação
Associados ABEDESIGN

Exporting design
Associates ABEDESIGN

Exportación de diseño
Asociados ABEDESIGN

II — Associados ABEDESIGN
Associates ABEDESIGN
Asociados ABEDESIGN

III — Escolas e empresas que apoiam o design
Academia and companies that support design
Escuelas y empresas que aposan el diseño

O design brasileiro se apresenta
no cenário internacional

Brazilian design introduces itselt
in the international scenery

El design brasileño se presenta
em el escenario internacional

100% Design
Ana Couto Branding e Design
Batagliesi
Crama Design
Gad' Design
Indio da Costa Design
Keenwork Design
Komm Design
Merchan Design
Müller & Camacho
Narita Design
Nó Design
Oz Design
Pande Design Solutions
Projeto Integrado
Sart Dreamaker
Seragini Farné Guardado
Spice Design
Tátil Designing Ideas
Tecnopop
Urbanabr Movelaria e Design
Vinil Design

100% Design

ADDRESS/ENDEREÇO/DIRECCIÓN

Rua Diogo Moreira, 132 - conj.1406
05423-010 - São Paulo - SP
Brazil
Fone   55-11-3032-5100
Fax   55-11-3032-5100 R.223
e-mail   100porcento@100porcento.net
Site   www.100porcento.net

CONTACT/CONTATO/CONTACTO

Renata Melman
Ivonne Olmo
Patricia Oliveira
Lilian Chiofolo
Rosana Hepp

ESTABLISHED/FUNDAÇÃO/FUNDACIÓN

2001

CLIENTS/CLIENTES/CLIENTES

Ambev, America Restaurants, Arcor, Avon, Bauducco, C&A, Cargill, Certisign, Danone, Gas Investiments, Gol Airlines, Grupo Estado, ICI Paints-Coral, Kimberly-Clark, L.Z, Onofre Drugstores, Pernod Ricard, Piraque, Sony, Varig Airlines, Via Natural, Visa Vale, Vida Alimentos.

WORK FIELDS/ÁREAS DE ATUAÇÃO/ CAMPOS DE ACTIVIDAD

Packaging	Design de Embalagens	Diseño de Envases
Graphic Design	Design Gráfico	Diseño Gráfico
Industrial Design	Design de Produtos	Diseño de Productos
Environment Design	Design de Ambientes	Diseño de Ambientes

AWARD/PRÊMIOS/PREMIOS

Internacional Design Award - How Magazine, Prêmio Popai Brasil, 19th annual London international advertising awards, New York Festivals.

Ana Couto Branding & Design

ADDRESS/ENDEREÇO/DIRECCIÓN

Rua Funchal, 263/9º andar – cj 91/92
04551 060 – São Paulo – SP
Brazil
Fone/Fax   55-11-3089-4949

Praça Santos Dumont, 80
22470 060 – Rio de Janeiro – RJ
Brazil
Fone   55-21-3205-9970
Fax   55-21-3205-9990

e-mail   acbd@anacouto-design.com.br
Site   www.anacouto.com.br

CONTACT/CONTATO/CONTACTO

Ana Couto
Natascha Brasil
Danilo Cid
Luciana Pinto
Luiz Felippe Alvarenga

ESTABLISHED/FUNDAÇÃO/FUNDACIÓN

1994

CLIENTS/CLIENTES/CLIENTES

Ampla, BAT, Coelce, Coca-Cola, Companhia
Vale do Rio Doce, Contax, Embraer, Ernest &
Young, Lojas Americanas, Petrobras, Procter
& Gamble, Telefônica, Unibanco, WWF

WORK FIELDS/ÁREAS DE ATUAÇÃO/ CAMPOS DE ACTIVIDAD

Branding	Branding	Branding
Graphic Design	Design Gráfico	Diseño Gráfico
Industrial Design	Design de Produtos	Diseño de Productos
Store Design	Ambiente de Varejo	Diseño de Tienda

AWARD/PRÊMIOS/PREMIOS

Aberje 2005 – Companhia Vale do Rio Doce
Aberje 2006 – Klabin
Aberje 2007 – Companhia Vale do Rio Doce

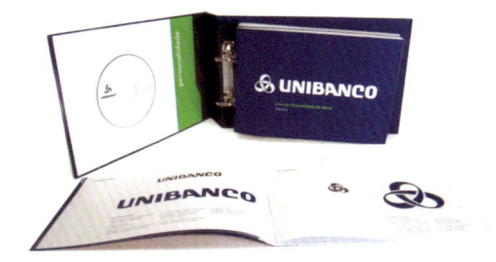

Identity system for a bank (redesign) I client Unibanco

Packaging for a Mexican beverage I client Coca-Cola

Packaging and corporate design for a paper manufacturer I client Klabin

Identity system for an energy company I client Ampla

Conception and development of an event created for youngsters for a beverage company I client Coca-Cola

Batagliesi

ADDRESS/ENDEREÇO/DIRECCIÓN

Rua Diogo Moreira, 149
05423-010 – São Paulo – SP
Brazil
Fone   55-11-3813-1999
Fax   55-11-3031-7121
e-mail   batagliesi@batagliesi.com.br
Site   www.batagliesi.com.br

CONTACT/CONTATO/CONTACTO

Rogerio Batagliesi
Antonio Malicia

ESTABLISHED/FUNDAÇÃO/FUNDACIÓN

1980

CLIENTS/CLIENTES/CLIENTES

ABN Amro Bank – Banco Real,
Banco24Horas, Bradesco, HSBC, Bank-
Boston, Caixa Econômica, Companhia
Athlética, EcoUrbis, Giroflex, Sodexho.

WORK FIELDS/ÁREAS DE ATUAÇÃO/ CAMPOS DE ACTIVIDAD

Architecture	Arquitetura	Arquitectura
Industrial Design	Design de produtos	Diseño de productos
Graphic Design	Design Gráfico	Diseño Gráfico

Batagliesi ®
Arquitetos + Designers

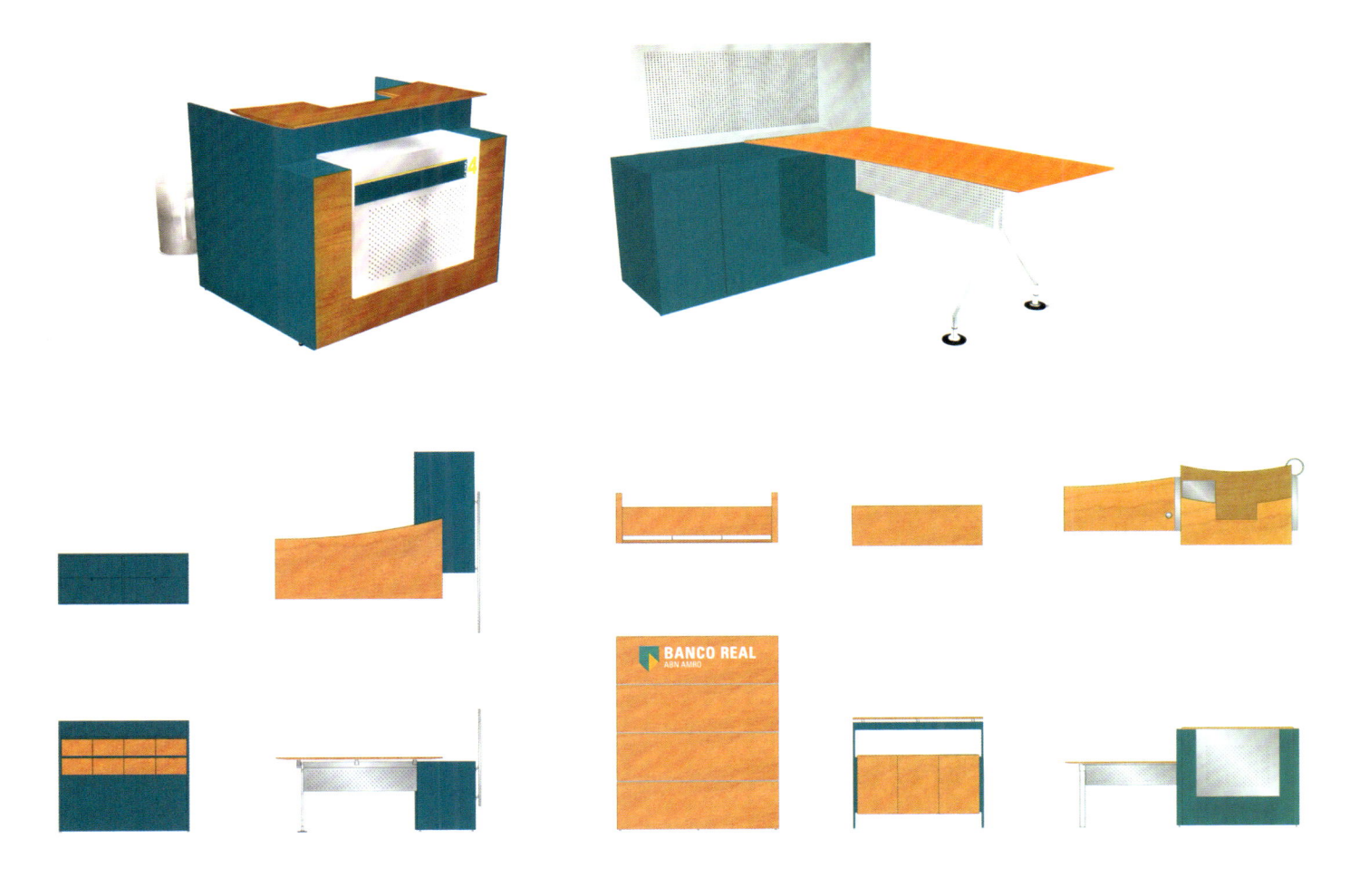

Crama Design Estratégico

ADDRESS/ENDEREÇO/DIRECCIÓN
Rua Marquês de São Vicente, 22
Sala 302 - Gávea - 22451-040
Rio de Janeiro - RJ - Brasil
Fone/fax   55-21-2512-8555
e-mail   contato@crama.com.br
site   www.crama.com.br

CONTACT/CONTATO/CONTACTO
Ricardo Leite

ESTABLISHED/FUNDAÇÃO/FUNDACIÓN
1991

CLIENTS/CLIENTES/CLIENTES
Avon, Bob's, Editora Objetiva,
EMI Music, H.Stern, Novartis, Oi,
Petrobras, Sonangol (Angola).

WORK FIELDS/ÁREAS DE ATUAÇÃO/ CAMPO DE ACTIVIDAD

Branding	Branding	Branding
Identidade Visual	Corporate Identity	Identidad Visual
Comunicação Cultural	Cultural Communications	Comunicación Cultural
Design de loja e ambiente	Store and Environmental design	Design de Tienda e ambiente

AWARD/PRÊMIOS/PREMIOS
- Prêmio Jabuti 2004
    _ categoria Arquitetura, Urbanismo, Fotografia, Comunicação e Artes.
    _ Architecture, Urbanism, Photography, Communication and Arts category.
    _ categoría de Arquitectura, Urbanismo, Fotografía, Comunicación y Artes.

- POPAI 2006
    _ ouro na categoria Store Design.
    _ gold in Store Design category.
    _ oro en la categoría Store Design.

- Bienal de Design 2006
    _ destaque na categoria embalagens.
    _ Special mention in packages category.
    _ destaque en la categoría embalajes.

BRANDING

CORPORATE IDENTITY

CULTURAL COMMUNICATIONS

STORE AND ENVIRONMENTAL DESIGN

CRAMA DESIGN

Crama Design Estratégico apresenta soluções diferenciadas e integradas em projetos de design e comunicação. A agência possui em sua equipe interdisciplinar mais de 50 profissionais, dentre designers, arquitetos, redatores e especialistas em planejamento estratégico.

Crama Design Estratégico shows differentiated, integrated solutions in design and communication projects. The agency's interdisciplinary team includes over 50 professionals such as designers, architects, copywriters, and strategic planning experts.

Crama Design Estratégico presenta soluciones diferenciadas e integradas en proyectos de design y comunicación. La agencia posee en su equipo interdisciplinario más de 50 profesionales, entre diseñadores, arquitectos, redactores y especialistas en planificación estratégica.

ESTRATÉGICO

AVON

Bob's

EMI

H.Stern

NOVARTIS

oi

BR PETROBRAS

DESIGN ESTRATÉGICO crama.

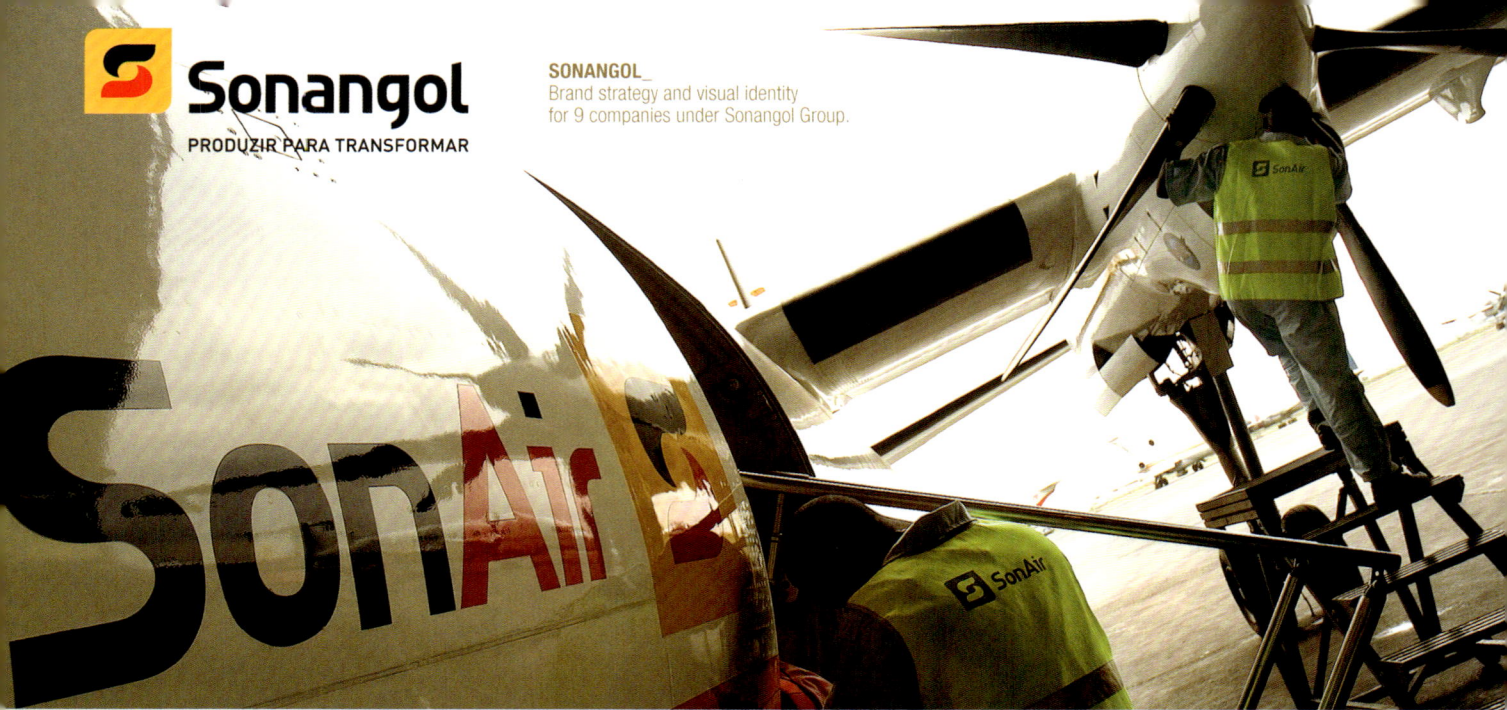

Sonangol

PRODUZIR PARA TRANSFORMAR

SONANGOL_
Brand strategy and visual identity
for 9 companies under Sonangol Group.

corporate stationery

collateral

press kit

website

trade show exhibit for the
WPC - Rio Oil and Gas 2006 convention

EMI MUSIC_ DVD collection for Brazilian musician Chico Buarque de Holanda.

PETROBRAS_
Visual identity for
Petrobras University.

DESIGN ESTRATÉGICO crama

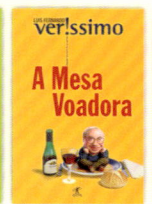

EDITORA OBJETIVA_ Design collection of books by bestselling Brazilian writer Luis Fernando Verissimo with over 3 million books sold.

AVON_ Name, brand and visual identity for the Avon store in Brazil.

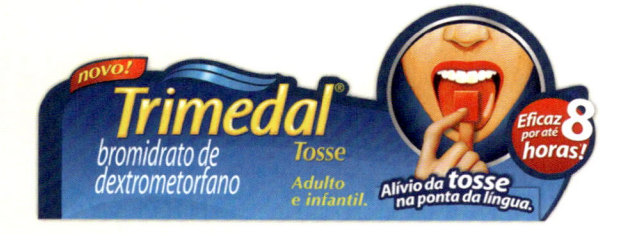

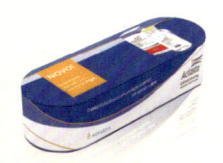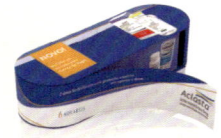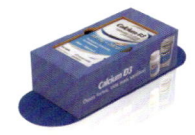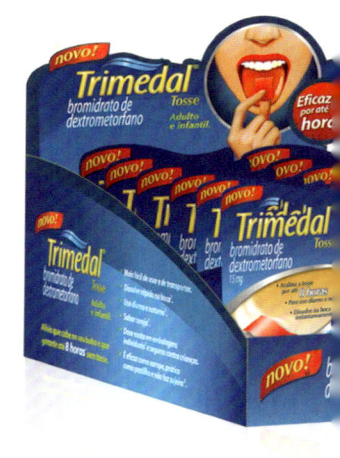

NOVARTIS_ Aclasta marketing kit.   **NOVARTIS_** Point of purchase (POP) campaign for launching Trimedal Strip in Brazil

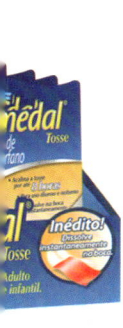

H.STERN_ Brand policy implementation for the H.Stern and sub brands. H.Stern is the 4th largest jewelry store in the world, with 160 stores in 12 countries

OI_ Environmental, and in-store design for a Brazilian telecommunications company, implemented in stores throughout the country.
POPAI 2006_ Gold prize In-Store Design category.

GAD' Branding & Design

ADDRESS/ENDEREÇO/DIRECCIÓN
Rua do Rocio 288
04552-000 - São Paulo - SP
Brazil
Fone   55-11-3040-2222
Fax   55-11-3040-2244
e-mail   gad@gad.com.br
Site   www.gad.com.br

CONTACT/CONTATO/CONTACTO
Luciano Deos

ESTABLISHED/FUNDAÇÃO/FUNDACIÓN
1984

CLIENTS/CLIENTES/CLIENTES
Embratel, Ipiranga, Banco Santander,
Petrobras, Brasil Telecom, Claro,
Pernod Ricard, CPFL Energia, Gerdau,
Grupo Pão de Açúcar, Wal-Mart

WORK FIELDS/ÁREAS DE ATUAÇÃO/
CAMPOS DE ACTIVIDAD

Branding	Branding	Branding
Product Design	Design de produtos	Diseño de productos
Packaging Design	Design de embalagens	Diseño de Envase
Retail Design	Ambiente de varejo	Diseño de Tienda

AWARD/PRÊMIOS/PREMIOS
The New York Festivals
iF Design
World Star Packaging Awards
London International Awards

GAD'
BRANDING & DESIGN

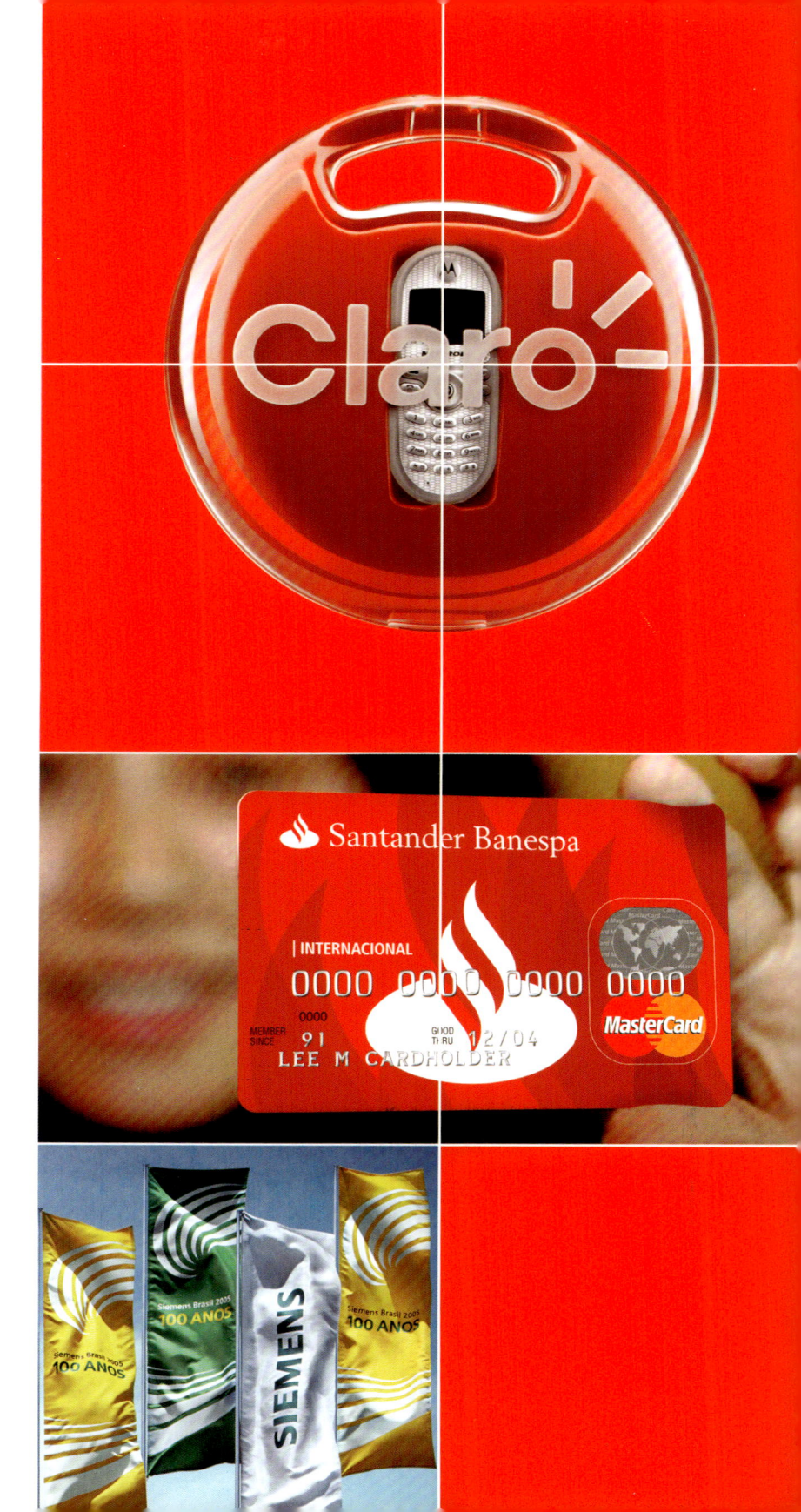

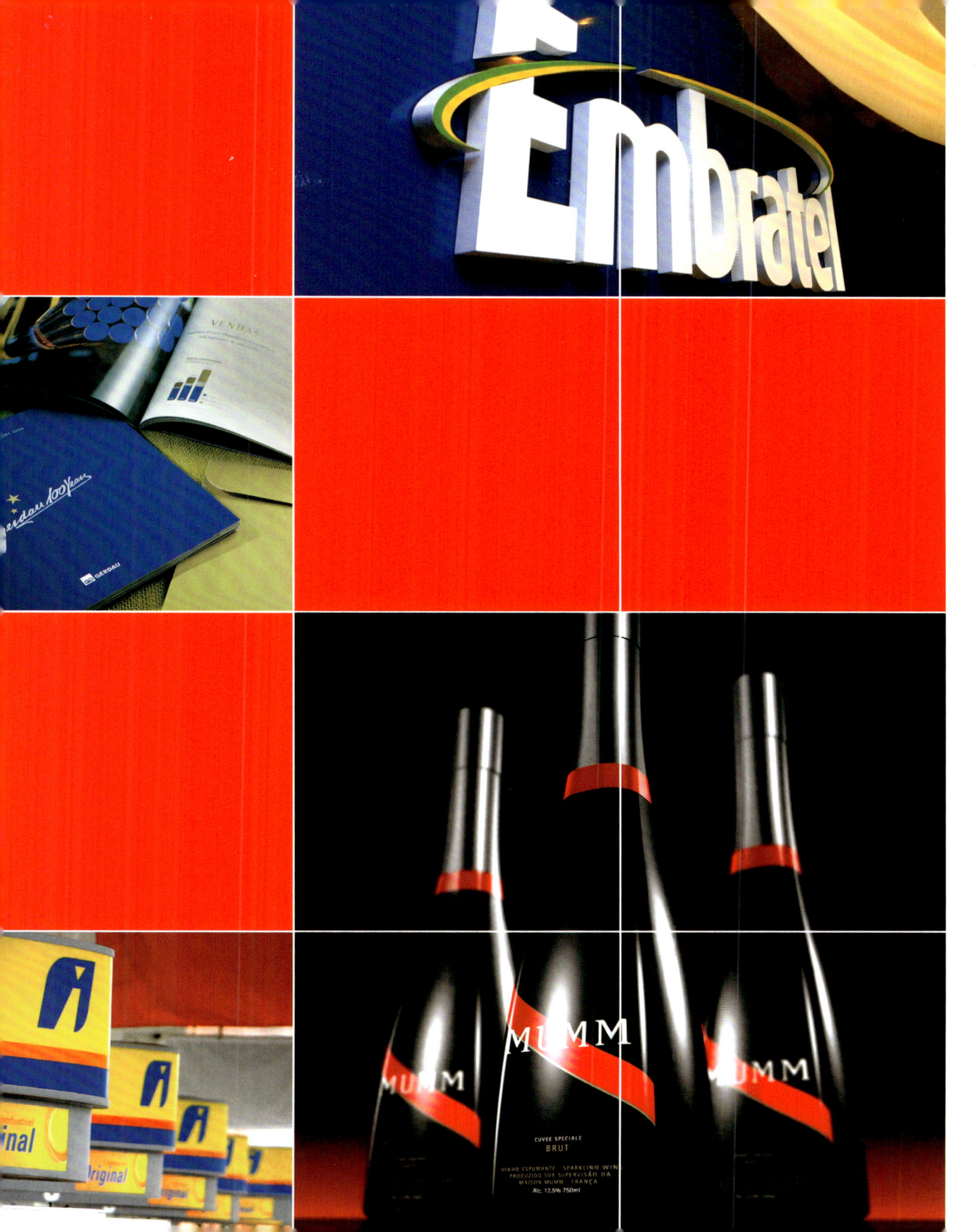

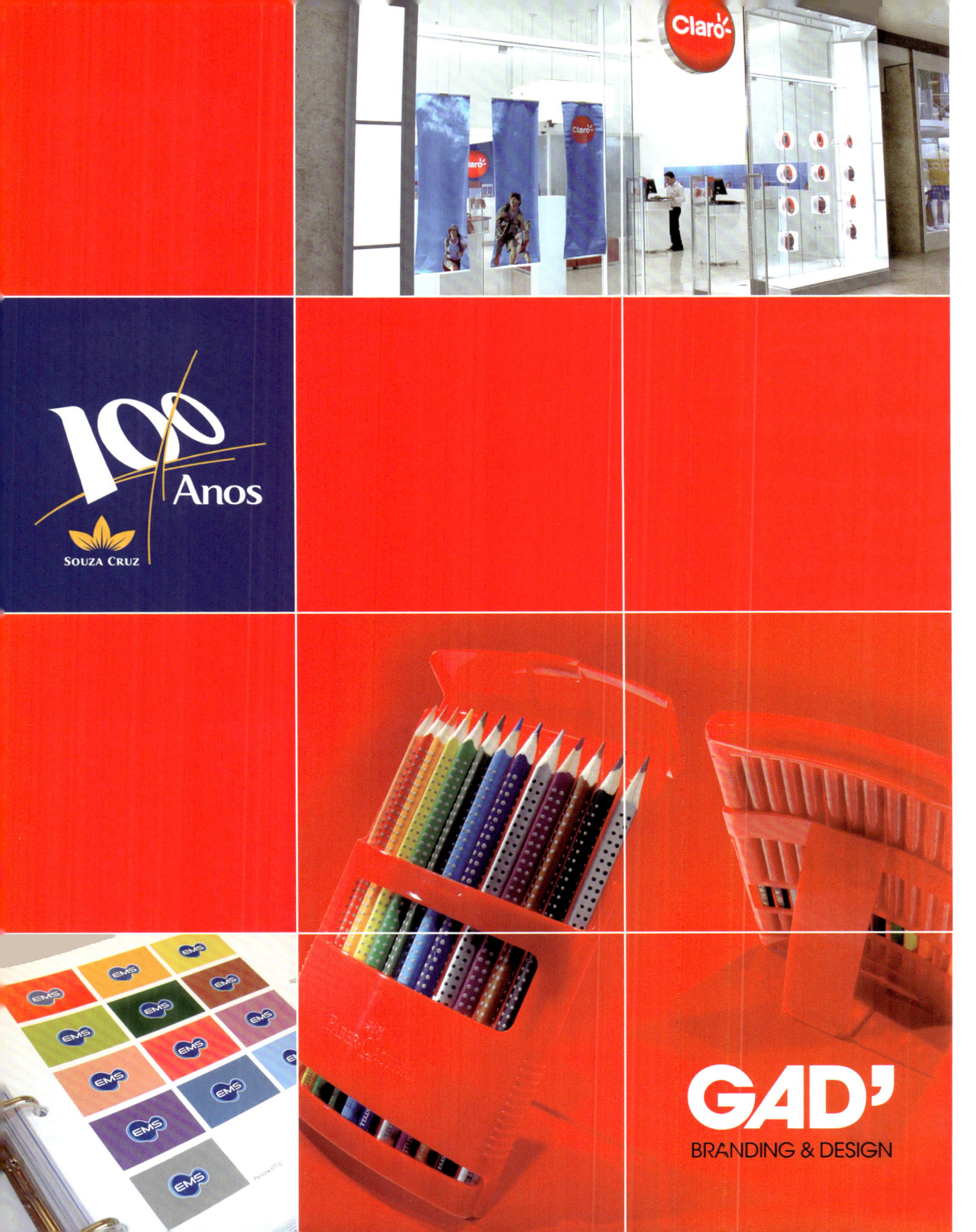

100 Anos
SOUZA CRUZ

GAD'
BRANDING & DESIGN

Indio da Costa Design

ADDRESS/ENDEREÇO/DIRECCIÓN
Rua Pinheiro Guimarães, 101
22281-080 - Rio de Janeiro - RJ
Brazil
Fone   55-21-2537-9790
Fax   55-21- 2537-9788
e-mail   icd.rj@indiodacosta.com
Site   www.indiodacostadesign.com

CONTACT/CONTATO/CONTACTO
Dan Strougo - icd.rj@indiodacosta.com
Camila Fix - icd.sp@indiodacosta.com
Elena Ajdelsztajn - icd.usa@indiodacosta.com

ESTABLISHED/FUNDAÇÃO/FUNDACIÓN
2001

CLIENTS/CLIENTES/CLIENTES

3M, GE Appliances, Aladdin, JCDecaux,
I-House, Orla Rio, Mabe, Itautec, Coca-Cola,
Spirit, Groupe Seb (Arno), Airfree, Carrier,
Legrand, Papaiz, Brudden Movement

WORK FIELDS/ÁREAS DE ATUAÇÃO/ CAMPOS DE ACTIVIDAD

Product Design	Design de Produto	Diseño de Producto
Transportation Design	Design de Transportes	Diseño de Transportes
Architecture	Arquitetura	Arquitectura
Urban Design	Urbanismo	Urbanismo

AWARD/PRÊMIOS/PREMIOS
IF - Germany
RedDot - Germany
Design Preis - Germany
ID Magazine - USA
Museu da Casa Brasileira - Brazil
Handitec - France

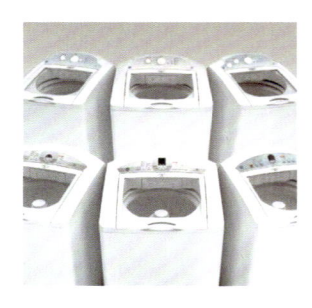

GE lavadoras Imagination
GE Imagination washing machines
GE lavadoras Imagination

GE fogão Linha 5
GE Linha 5 stove
GE estufa Linha 5

  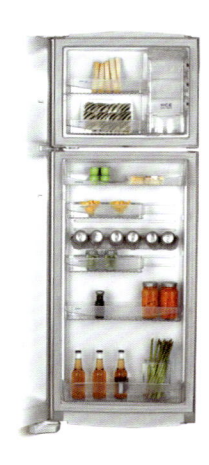

GE refrigerador Imagination
GE Imagination refrigerator
GE refrigerador Imagination

indiodacosta
DESIGN

BRUDDEN Movement esteira eletrônica
BRUDDEN Movement electronic treadmill
BRUDDEN Movement treadmill electrónico

Ventilador de teto SPIRIT 201
Ceiling fan SPIRIT 201
Ventilador de techo SPIRIT 201

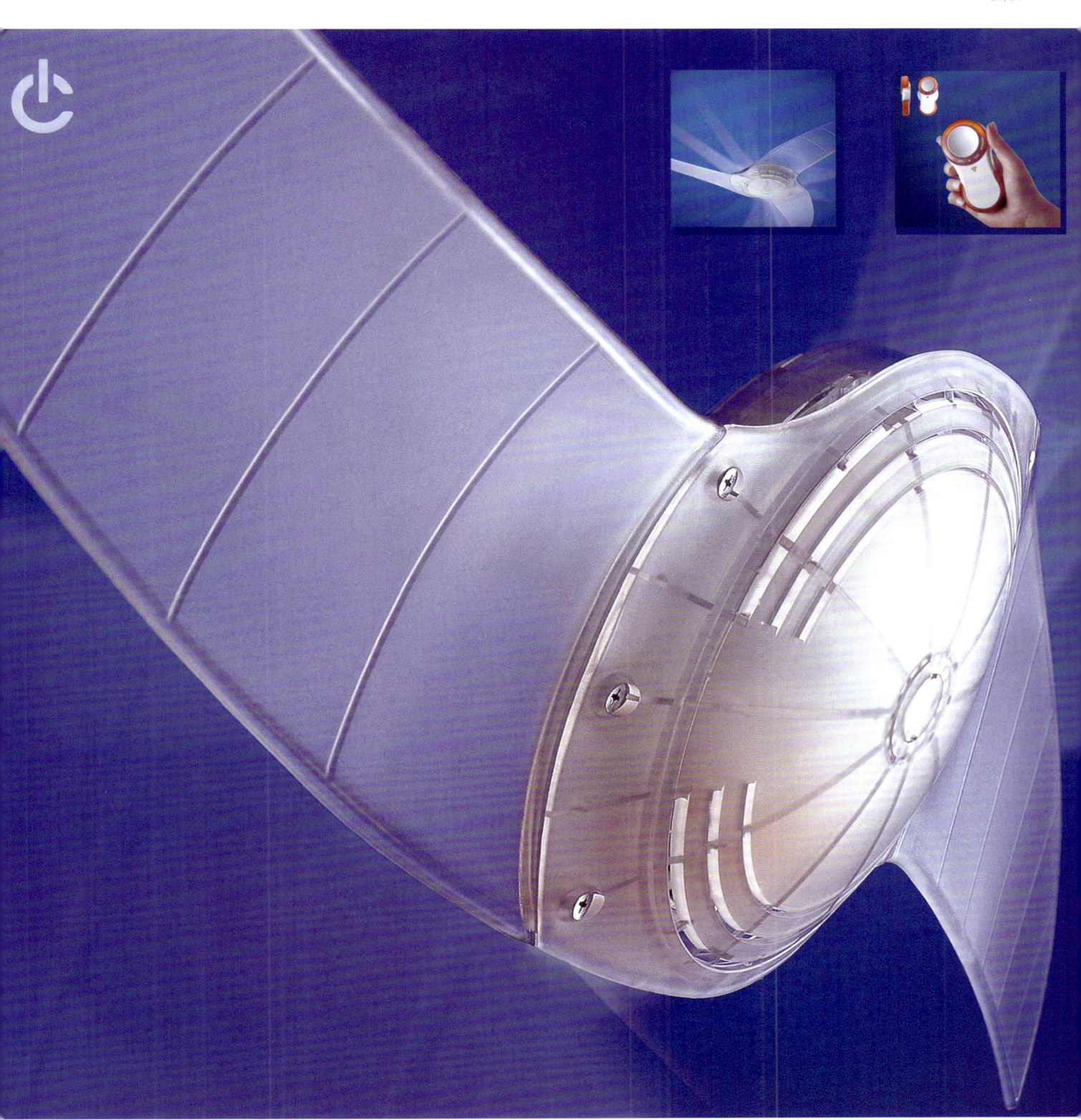

RIO DE JANEIRO

7 praias	309 quiosques
7 beaches	309 kiosks
7 playas	309 quiosques

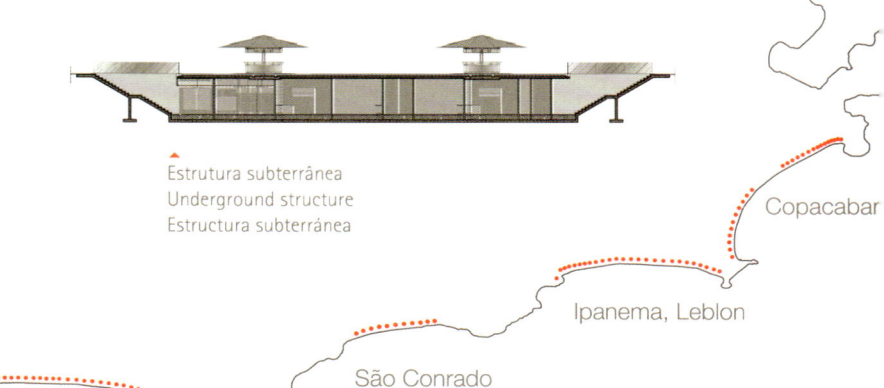

Estrutura subterrânea
Underground structure
Estructura subterránea

Copacabar

Ipanema, Leblon

São Conrado

Prainha, Recreio & Barra

Novos quiosques da Praia de Copacabana
Copacabana beach's new kiosks
Nuevos quiosques de la Playa de Copacabana

SMARTHYDRO banheira de hidromassagem eletrônica
SMARTHYDRO electronic bathtub
SMARTHYDRO bañera de hidromasaje electrónica

Keenwork Design

ADDRESS/ENDEREÇO/DIRECCIÓN
Rua Laplace, 96 4º andar
04622-000 - São Paulo - SP - Brazil
Fone   55-11-5561-6593
Fax   55-11-5561-6593
email   kw@keenwork.com.br
Site   www.keenwork.com.br

CONTACT/CONTATO/CONTACTO
Luis Castellari
Silvia Costa

ESTABLISHED/FUNDAÇÃO/FUNDACIÓN
1987

CLIENTS/CLIENTES/CLIENTES
Adidas Latin America, Braskem, Bosch,
B/S/H – Bosch Siemens Hausgeraete Group,
Continental, Graphia- Graphic Industry Alliance,
Hospital Santa Catarina, ICI paints – Tintas Coral,
Italac, Indústrias Romi, Klabin Segall, Metalfrio
Solutions, Sodexho-Pass.

WORK FIELDS/ÁREAS DE ATUAÇÃO/ CAMPOS DE ACTIVIDAD

Brand Strategy	Estratégia de Marca	Estrategia de Marca
Visual Identity	Identidade Visual	Identidad Visual
Packaging Design	Design de Embalagens	Diseño de Envases
Point of Purchase Design	Ponto de Venda	Punto de Venta

AWARD/PRÊMIOS/PREMIOS
- 8º Bienal Brasileira de Design da ADG – 2006 : Highlight Braskem Visual Identity
- 8º Bienal Brasileira de Design da ADG – 2006 : Highlight Adidas Promocional Design
- Award Standesign – Braskem Event and Environmental Creation – 2005
- Award Brazil Top Ten – Brasil Faz Design 2000 - Washing machine line - Evolution

creative brand innovation

Keenwork Design figures among the leading design companies in Brazil. Its operations are based on a global economy perspective, and it adds Creativity, Innovation and Imagination so as to support other companies to build the future of their brands.

With expertise in the export of design services and with a multi-disciplinary team, we offer full services of Brand Strategy, Brand Identity, Naming, Packaging Design, Point of Purchase and Promotional environmental Design and Signage.

In 2006, Kenwork stood out for developing the Brand Identity for the domestic and global markets of Braskem, the third largest industrial company in Brazil.

Braskem

A World Class Brazilian Petrochemical Company

Braskem: Innovation building the future.

Prêmio**Abre**
Design
e Embalagem

Metalfrio | Solutions

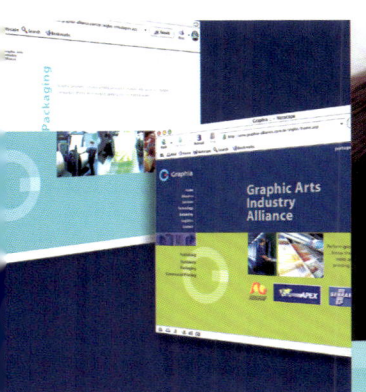

Hospital
Santa Catarina

keenwork
design

KommDesign

ADDRESS/ENDEREÇO/DIRECCIÓN
Rua Visconde do Rio Branco, 1630 18° andar
Centro 80420-210 Curitiba PR Brasil
+55 41 3029 2131

Av Nações Unidas, 12551 9° andar WTC
Brooklin Novo 04578-000 São Paulo SP Brasil
+55 11 3443 7761

komm@kommdesign.com.br
www.kommdesign.com.br

CONTACT/CONTATO/CONTACTO
Roger Rieger
Rebeca Apelbaum
Daniel Sponholz
Fernanda Guareschi

ESTABLISHED/FUNDAÇÃO/FUNDACIÓN
2000

CLIENTS/CLIENTES/CLIENTES
Matte Leão, O Boticário, Bem Brasil,
Burger King, Itaipu Binacional, ONU,
GVT, Philip Morris, Nutrimental

WORK FIELDS/ÁREA DE ATUAÇÃO/
CAMPOS DE ACTIVIDAD

Packaging	Design de Embalagens	Diseño de Envases
Industrial Design	Design de Produto	Diseño de Productos
Branding	Branding	Branding
Graphic Design	Design Gráfico	Diseño Gráfico
Web Design	Web Design	Web Design
Advertising	Propaganda	Propaganda

AWARD/PRÊMIOS/PREMIOS
Embanews – Categoria Design
Fundação Brasileira de Marketing – Top de
Marketing
ADVB – Top de Embalagem
ABRE – Design de Família de Produtos
Embalagem Marca – Cases de Sucesso

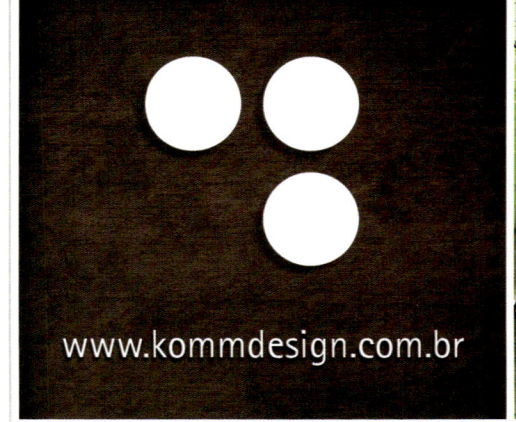

www.kommdesign.com.br

Nós fazemos design | We make design | Nosotros hacemos diseño

Consideramos que o Design é mais do que uma ferramenta, é uma solução estratégica de inovação e diferenciação. Uma visão de marketing, integrando soluções tecnológicas.

We consider that Design is more than a tool, it is a strategical solution of innovation and differentiation. A marketing vision, integrating technological solutions.

Consideramos que el Diseño es más que una herramienta, es una solución estratégica de la innovación y la diferenciación. Una vision de marketing, integrando soluciones tecnológicas.

Mercham Design

ADDRESS/ENDEREÇO/DIRECCIÓN
Rua João Moura, 346 - cj.11
05412-001 – São Paulo - SP
Brazil
Fone   55-11-30861774
Fax   55-11-30644601
e-mail   marcelo@merchan-design.com.br
Site   www.merchan-design.com.br

CONTACT/CONTATO/CONTACTO
Marcelo Lopes

ESTABLISHED/FUNDAÇÃO/FUNDACIÓN
1995

CLIENTS/CLIENTES/CLIENTES
Yael Sonia Art Jewelry, Audi, Lygase
Consulting, H.Stern, Bernardinho, Brasif,
Miriam Mamber Jóias, On-time RH

WORK FIELD/ÁREAS DE ATUAÇÃO/ CAMPOS DE ACTIVIDAD

Branding	Branding	Branding
Promotional Design	Design Promocional	Diseño Promocional
Editorial	Editorial	Editorial
Interior Design	Design de Interiores	Diseño de Interiores

AWARD/PRÊMIOS/PREMIOS
Graphis (United States), London
Internacional Advertising Awards (England),
Thibierge & Comar (France), IF Design
(Germany), Tahitian Pearl Trophy (Tahiti),
Fernando Pini de Excelência Gráfica (Brazil)

merchan-design
marcelo lopes

esprit de finesse

jewelry store

design overcoming esthetics
the visual metaphor as a communication tool

the translation of concept into an identity
observation of details

contemporary language generating modernity

the balance between artist creation and technology

new year´s card - audi

cosmetics

technology

sports

jewelry

Müller & Camacho

ADDRESS/ENDEREÇO/DIRECCIÓN

Rua Ferreira de Araújo, 211 – conjs. 101/108
05428-000 – São Paulo – SP
Brazil
Fone   55-11-3819-4417
Fax   55-11-3819-1392
e-mail contato@mullercamacho.com.br
Site   www.mullercamacho.com.br

CONTACT/CONTATO/CONTACTO

Manoel Müller
Dóris Camacho

ESTABLISHED/FUNDAÇÃO/FUNDACIÓN

1989

CLIENTS/CLIENTES/CLIENTES

VCP, Votorantim Cimentos, Vallée, Sadia,
Organon, Pilkington Blindex, Pial Legrand,
Lanxess, Instituto Votorantim, Deca, Coca-Cola
Femsa, Cebrace, Cargill, Café Pelé, 3M, Braskem,
Brumani, Associação Viva e Deixe Viver,
Aromática.

WORK FIELDS/ÁREAS DE ATUAÇÃO/ CAMPOS DE ACTIVIDAD

Branding	Branding	Branding
Naming	Naming	Naming
Packaging Design	Design de Embalagens	Diseño de Envases
Communication	Comunicação	Comunicación

AWARD/PRÊMIOS/PREMIOS

London International Design Awards;
Professional of the Year in Packaging
Design; Marketing Best; Prêmio ABRE
de Design de Embalagem, Prêmio
Embanews, Festival Brasileiro
de Promoção, Design e Embalagem (several
editions) and Festival Brasileiro de
Comunicação Dirigida.

müller & Camacho
Sowing Innovation

BRAND EXPERIENCE

BRAND
ATTITUDE

BRAND
EMOTION

Narita Design

ADDRESS / ENDEREÇO / DIRECCIÓN
Rua Tabapuã, 100 – Itaim Bibi
04533-000 – São Paulo – SP
Brazil
Fone   55-11-37670911
Fax   55-11-37670911
Email narita@naritadesign.com.br
Site   www.naritadesign.com.br

CONTACT / CONTATO / CONTACTO
Mario Narita
Juliana Penna

ESTABLISHED / FUNDAÇÃO / FUNDACIÓN
1998

CLIENTS / CLIENTES / CLIENTES
Ambev, Basf, Cadbury Adams, Cargill,
Kraft Foods, Pepsico and Sadia

**WORK FIELDS / ÁREAS DE ATUAÇÃO /
CAMPOS DE ACTIVIDAD**

Packaging	Design de embalagens	Diseño de Envase
Graphic Design	Design Gráfico	Diseño Gráfico
Industrial Design	Design de Produtos	Diseño de Productos

Narita Design

Glasurit **Basf**
Skol* **Ambev**
Oats Quaker **Pepsico**
Elma Chips Sensações **Pepsico**
Guaraná Antarctica **Ambev**
Tang **Kraft Foods**
Cheez Whiz **Kraft Foods (Venezuela)**
Halls **Cadbury Adams**
Qualy **Sadia****

* Skol is the leading beer brand in the brazilian
market and the world's third-best selling brand

** Sadia is one of the world's leading producers of
chilled and frozen food

Nódesign

ADDRESS/ENDEREÇO/DIRECCIÓN

Rua Harmonia, 789
05435-000 – São Paulo – SP
Brazil
Fone   55-11-3814-8939
Fax   55-11-3812-6008
e-mail   nodesign@nodesign.com.br
Site   www.nodesign.com.br

CONTACT/CONTATO/CONTACTO

Leonardo Massarelli

ESTABLISHED/FUNDAÇÃO/FUNDACIÓN

2001

CLIENTS/CLIENTES/CLIENTES

Natura, Decameron, Easy Track, Avon,
Maggion Pneus.

WORK FIELDS/ÁREAS DE ATUAÇÃO/ CAMPOS DE ACTIVIDAD

Industrial Design	Design de Produtos	Diseño de Productos
Environmental Design	Design Ambiental	Diseño Ambiental
Packaging	Design de Embalagens	Diseño de Producto

AWARD/PRÊMIOS/PREMIOS

Reddot Concept Cingapura 2007
Prêmio Mercado Design – TOP XXI
20.º Prêmio Museu da Casa Brasileira 2006
Prêmio House & Gift de Design 2006
Prêmio Atualidade Cosmética 2004
Prêmio ABRE Design Embalagem
Prêmio de Embalagem BRACELPA
1.º Prêmio Samsung de Design Brasileiro

nódesign®

Jiggle Armchair

A geometric, minimalist armchair that, surprisingly enough, deconstructs its own rigidness as it adapt to the user's movements. This movement causes the armchair's body to twist, thus establishing greater interactivity.

"Noah's Arc" Cologne

The main idea of the "Noah's Arc" Vinicius de Moras line was to establish a relation between the music and the products in a playful and educative way.

BLOB

Blob is a great example of a product that is useful and not complicated. It's simpler than your average telephone, easier to use, and with many more resources.

Street Power Tires

A tire for 125cc motorcycles, inspired in high performance motorcycle tires.
Through strength and speed, they confer a higher status to small motorcycles.

Oz Design

ADDRESS/ENDEREÇO/DIRECCIÓN
Av. Eng. Luiz Carlos Berrini, 1461 - 2nd floor
04571-903 - São Paulo - SP
Brazil
Fone   55-11-5112-9200
Fax   55-11-5506-2007
e-mail   oz@ozdesign.com.br
Site   www.ozdesign.com.br

CONTACT/CONTATO/CONTACTO
André Poppovic
Giovanni Vannucchi
Ronald Kapaz

ESTABLISHED/FUNDAÇÃO/FUNDACIÓN
1979

CLIENTS/CLIENTES/CLIENTES
Coca-Cola, Nike, Ajinomoto, Michelin,
Gerdau, Kimberly Clark, Fisk, Agra,
Tishman Speyer, Boehringer, Elgin,
O Boticário, Porto Seguro, Wal-Mart

WORK FIELDS/ÁREAS DE ATUAÇÃO/ CAMPOS DE ACTIVIDAD

Branding	Branding	Branding
Environmental Design	Design de Ambiente	Diseño de Ambiente
Graphic Design	Design Gráfico	Diseño Gráfico
Packaging	Design de Embalagens	Diseño de Envase

AWARD/PRÊMIOS/PREMIOS
ABRE de Embalagem
Bienal da ADG
If Design Awards

OZ DESIGN

O Z

The brand of the great brands.

D E S I G N

Born 28 years ago in the economic capital of Brazil, Oz Design is one of the top 5 Brazilian design agencies as it reaches professional maturity, as consequence of a history of successful cases and compromise with excellence.

Oz focuses on the construction and management of identities and performs in all design areas that are necessary to consolidate brand value.

Integrating market intelligence with expressive talent means being able to face great challenges and attend to clients that reflect our positioning:

Oz Design, the brand of the great brands.

McDonald's

Nike

Banco Real
ABN AMRO

Coca-Cola

Gerdau

O Boticário

Kimberly Clark

UOL

Ajinomoto

Michelin

content design
and form design

Building a brand is integrating emotional, functional, ethical, behavioural, affective values. The construction of difference is born under a new look upon man, upon his subjective happiness. Let your brand be led by Oz!

HEDGING·GRIFFO

 talking

visually

Packaging and its strategic part: incorporating the product with intangible values that are present in every act of choice. Thus the product talks to the consumer.

creation of brand
experience
at point of purchase

From architectural design to menu, from displays to uniforms. Visual consistency at all points of contact with consumer generates involvement and brand reinforcement.

brand
management

Oz performs in all areas of design and through complete management of all points of contact that belong to the brand, searches for the unity that will generate the strength of brand identity.

Pande Design Solutions

ADDRESS/ENDEREÇO/DIRECCIÓN
Rua Fiandeiras, 929 - 8th floor
04545-006 – São Paulo – SP
Brazil
Phone   55-11-3849-9099
Fax   55-11-3849-9099
e-mail   novosnegocios@pande.com.br
Site   www.pande.com.br

CONTACT/CONTATO/CONTACTO
Fernando Faria
Cristine Sech
Lays Carvalho
Alexandre Mori

ESTABLISHED/FUNDAÇÃO/FUNDACIÓN
2002

CLIENTS/CLIENTES/CLIENTES
Nestlé, Carrefour, Kimberly-Clark, Cisper, Osram, Bunge, Colgate, Sadia, Itaú, Nissin, Aymoré, Herbalife, Papaiz, Itautec, Penalty and Santa Clara.

AWARD/PRÊMIOS/PREMIOS
2007 - Prêmio Voto Popular Abre
2007 - Prêmio Abre de Embalagem categoria
        Marcas próprias
2007 - Prêmio Abre de embalagem categoria
        Bricolagem
2007 - Troféu Embanews Marketing
2006 - Prêmio Voto Popular Abre
2006 - Prêmio Abre de Embalagens Família
        de Produtos
2006 - Ouro no Prêmio About
        categoria embalagens
2006 - Prata no Prêmio About
        categoria promocional
2006 - Bronze no Prêmio About categoria
        design gráfico
2006 - Troféu Embanews Destaque Design
        de Embalagem
2005 - Profissional do Ano Prêmio About
2004 - Troféu Embanews Marketing

PANDE takes pleasure in building brands, so its work is consistent, long-term, and in-depth in its approach.
Fields of Activity: Brand strategy, Packaging, Point of Purchase, Visual Identity, Publishing, Graphic, Design and Internet

El placer de PANDE está en la construcción de marcas. Por ello, trabaja de una manera consistente, profunda y teniendo en vista el largo plazo.
Áreas de actuación: Estrategia de Marca, Diseño de Envase, Punto de Venta, Identidad Visual, Diseño Grafico e Internet

2007 - Prêmio Voto Popular Abre

Projeto Integrado

ADDRESS/ ENDEREÇO/ DIRECCIÓN

Rua José Maria Lisboa, 860 Cj. 144
01423-001 Jd. Paulista
São Paulo   SP   Brazil
Fone: 55 11 3884 9344
Fax: 55 11 3884 7281
e-mail: c.klein@projetointegrado.com.br
Site: www.projetointegrado.com.br

CONTACT/ CONTATO/ CONTACTO

Christian Klein
Heloisa Andrade

ESTABLISHED/ FUNDAÇÃO/ FUNDACIÓN

2003

CLIENTS/ CLIENTES/CLIENTES

Água Minalba, Campo Verde Alimentos,
Castelo Alimentos, Saquê Azuma Kirin,
Pilkington Blindex, Braskem, Suzano
Papel e Celulose, Brasilata, Saint-Gobain
Embalagens, Santa Marina, Supermercados
Cidade Canção, White Cap, Excelentíssimo
Bar, Tia Mary Sorvetes Especiais, Ever Green.

WORK FIELDS/ ÁREAS DE ATUAÇÃO/ CAMPOS DE ACTIVIDAD

Graphic Design	Design Gráfico	Diseño Gráfico
Branding	Branding	Branding
Product Design	Design de Produto	Diseño de Producto
Digital Design	Design Digital	Diseño Digital

AWARD/PRÊMIOS/PREMIOS

Award Packaging Brand -
Case of Packaging Line Vinegar Castelo

Prêmio Embalagem Marca - Case
de Embalagem Linha de Vinagres Castelo

Premio Marca de Envasado -
Case de Envasado Línea Vinagres Castelo

PROJETO INTEGRADO
Design e Comunicação Estratégica

Graphic Design Line of Vinegar Castelo | Design Gráfico Linha de Vinagres Castelo
Diseño Gráfico Línea de Vinagres Castelo

Product Design - Line of measuring jar Marinex | Design de Produto - Linha de jarras medidoras M
Diseño de Producto - Línea de Jarra Medidora Marinex

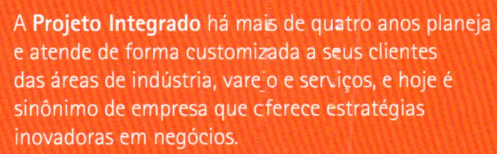

Brand Construction "Institutional Santa Marina"
and products line of table and oven.

Construção de marca – Institucional Santa Marina
e linha de produtos de mesa e forno.

Construcción de la Marca "Institucional Santa Marina"
y Línea de Productos de mesa y horno

A **Projeto Integrado** há mais de quatro anos planeja
e atende de forma customizada a seus clientes
das áreas de indústria, varejo e serviços, e hoje é
sinônimo de empresa que oferece estratégias
inovadoras em negócios.
Com a exclusiva metodologia de **Desenvolvimento
Integrado**, que engloba toda a cadeia de abasteci-
mento, a agência produz design criativo para produtos
e embalagens, visando os melhores processos
de comercialização e, portanto, bons resultados
financeiros.
A agência atua ainda no segmento de **Comunicação
Estratégica**, com a mais moderna tecnologia
do mundo digital, e no mercado de **Design
para Exportação**.

Over four years **Projeto Integrado** plans and attends in
a customized way his clients in the industry, retail and
services areas and, nowadays, it's synonym of enterprise
which offers renew strategies in business.
With an exclusive methodology of **Integrated
Development**, which embodies all the supply chain,
the agency produces creative design for products
and packagings, to aim at the best process
of commercialization and, therefore, the best
financial results.
The Agency acts in the segment of **Strategic
Communication**, with the most modern tecnology
of the digital world, and in the market of the
Export Design.

Hace más de quatro años que **Projeto Integrado** planea
y atiende de manera personalizada a sus clientes en las
áreas de la industria, venta al por menor y servicios;
actualmente es sinónimo de empresa que ofrece
nuevas estratégias en los negocios.
Con la exclusiva metodología de **Desarrollo Integrado**,
que une toda la cadena de fuente, la agencia produce
diseño creativo para productos y envases, pretendendo
los mejores processos de comercialización y, por lo tanto,
buenos resultados financieros.
La Agencia actua, también, en el segmento
de **Comunicación Estratégica**, con la más moderna
tecnología del mundo digital, y en el mercado
de **Diseño para Exportación**.

Digital Design Site Blindex | Design Digital Site Blindex
Diseño Digital Sitio Blindex

SartDreamaker

ADDRESS/ENDEREÇO/DIRECCIÓN

Rua Bento de Andrade, 496
04503-001 – Jd. Paulista
São Paulo – SP - Brazil
Fone   55-11-2117-4600
Fax   55-11-2117-4601
e-mail gian@sdgroup.com.br
Site   www.sdgroup.com.br

CONTACT/CONTATO/CONTACTO

Gian Franco Rocchiccioli
Sylvio de Sá e Silva Oreggia

ESTABLISHED/FUNDAÇÃO/FUNDACIÓN
1995

CLIENTS/CLIENTES/CLIENTES
Santander, Unilever, Hellmann's, Knorr,
Bauducco, Visconti, Fritex, Polenghi,
Grupo Pão de Açúcar, Jasmine, Larousse,
Bradesco, Gold Nutrition, Pierre Alexander,
Atlântica Hotels International, Marsh,
Petybon, Dona Benta, Neutra, Avon,
Vitaderm, Doce Menor, Tal&Qual
Adriana Vilarinho, e outros.

WORK FIELDS/ÁREAS DE ATUAÇÃO
CAMPOS DE ACTIVIDAD

Branding	Estratégia de Marca	Estrategia de Marca
Industrial Design	Design de Produtos	Diseño de Productos
Packaging	Design de Embalagens	Diseño de Envases

INSPIRING BRAND IDEAS

O mundo atual vive um paradigma interessante, onde as visões estratégicas tradicionais aprisionadas por um foco em resultados financeiros, faz com que as marcas acabem por convergir competitivamente entre si. Reconstruir as fronteiras do mercado para se libertar da concorrência, é a melhor forma de criar um mercado de rápido crescimento. O desafio, é identificar em meio a uma pilha de possibilidades, as oportunidades existentes. Como ? Através da Inspiração. Fundada em 1995 a Sart Dreamaker é hoje uma das principais Consultoria de Estratégia e Design do Brasil. Com uma equipe multidisciplinar de profissionais especializados em estratégia de marca, planejamento, design, pesquisa e produção, auxilia seus clientes a construir e diferenciar suas marcas.

Today's world experiences an interesting paradigm, in which traditional strategic visions, ever focused on financial results, bring brands to compete against each other. Stepping aside from competition by rebuilding market frontiers is the best way to create a fast-growing market. The challenge is to identify, in the stack of possibilities, any existing opportunity. How? Through Inspiration. Established in 1995, Sart Dreamaker is today one of Brazil's main brand strategy and design consultancies. With a multidisciplinary staff of professionals specialized in branding, strategic marketing, planning, graphic design, research and production, the agency assists clients in constructing and distinguishing their brands.

NEUTRA FLAVORED WATER

The Neutra project was led with the aim of giving new meaning to water consumption in the Brazilian market. The solution was to transform the unnoticed act of drinking into a pleasant experience. After a deep research process that evaluated trends around the world, both the Neutra product and brand identity have given life and meaning to this new idea.

O projeto Neutra foi conduzido com o objetivo de dar novo significado ao consumo de água no mercado brasileiro, transformando um consumo basicamente mecânico em uma experiência de prazer. Após um profundo processo de pesquisa que avaliou as tendências ao redor do mundo, tanto a identidade da marca Neutra quanto a identidade dos produtos deram vida e significado a esta nova proposta.

PANDURATA FOODS

JASMINE NATURAL FOODS

POLENGHI

WE BRING IDEAS TO LIFE.

HELLMANN'S LATIN AMERICA

Dar vida a uma nova Identidade para os produtos da marca Hellmann's Latin America foi o desafio proposto à Sart Dreamaker. Como meio de reforçar suas características únicas e sua posição de marca líder, além de um look & feel mais leve e moderno, foi desenvolvida uma tipologia própria que assina cada uma das variantes da linha.

Bringing to life a new identity for the Latin America Hellmann's products was the challenge set before Sart Dreamaker. An exclusive typology was created to reinforce the brand's unique qualities and leading position, as well as to give the products a lighter and more modern "look & feel".

SANTANDER GLOBAL BANK AND MARKETS

A Sart Dreamaker foi a agência escolhida pelo segmento de atacado do Banco Santander para coordenar a implantação no Brasil do alinhamento global de sua marca com o objetivo de construir uma identidade única. Todos os novos padrões de comunicação no Brasil foram coordenados pela Sart Dreamaker junto com a equipe do Santander responsável pelo projeto.

Sart Dreamaker was the agency chosen by Santander's wholesale banking division to coordinate the alignment process of its global brand in Brazil, in order to establish a unified identity. All standards for new communications efforts were set by the agency, along with the team which was responsible for the project inside Santander.

MARSH BRAND ARCHITECTURE

Com o desafio de organizar a arquitetura de marca no Brasil da Marsh & McLennan Companies, a Sart Dreamaker construiu um novo padrão de comunicação e coordenou a implantação da marca através de um detalhado processo interativo que teve com ponto alto a experiência com a marca.

Challenged to organize the Marsh & McLennan Companies' brand architecture, Sart Dreamaker built a new communications standard and coordinated it's implementation through a comprehensive interactive process which reached its high point with a brand experience project.

empresa

MARSH

divisões

MARSH — Gestão de Benefícios
MARSH — Soluções Corporativas
MARSH — Afinidade
MARSH — Soluções Empresariais
MARSH — Private

Seragini Farné Guardado

ADDRESS/ENDEREÇO/DIRECCIÓN
Rua Dr. Theóphilo Ribeiro de Andrade, 223
05466-020 - São Paulo - SP
Brazil
Fone   55-11-2101-4300
Fax   55-11-3021-6220
e-mail contato@seragini.com.br
Site   www.seragini.com.br

CONTACT/CONTATO/CONTACTO
Lincoln Seragini
Sérgio Guardado
Alfredo Farné

ESTABLISHED/FUNDAÇÃO/FUNDACIÓN
1981

CLIENTS/CLIENTES/CLIENTES
Avon, Britânia, Claro, Diadora (Itália),
Kappa, Marisol (Tigor e Lilica),
Menendes Amerino, Natural Drinks,
Neri (Itália), Octávio Café, Parmalat,
Perdigão, Prysmian, Ypê, Santelisa Vale,
Saint Gobain, Solvi Ambiental, Tetra Pak.

**WORK FIELDS/ÁREAS DE ATUAÇÃO/
CAMPOS DE ACTIVIDAD**

Branding	Branding	Branding
Industrial Design	Design de Produtos	Diseño de Productos
Packaging	Design de Embalagens	Diseño de Envases
Architecture	Arquitetura	Arquitectura Comercial

AWARD/PRÊMIOS/PREMIOS
2002 - MCB - Máquina de Costura
2002 - World Packaging Organization
        1º lugar design embalagem
2004/05 - AlShop Ass. dos Loj. de Shopp.
        Melhor loja na cat. roupa infantil

Seragini Farné Guardado
design

SANTELISAVALE

Ano Nacional do
Desenvolvimento Limpo
JUL 2007 - JUN 2008
BRASIL

Casa do Pão de Queijo

del Valle®

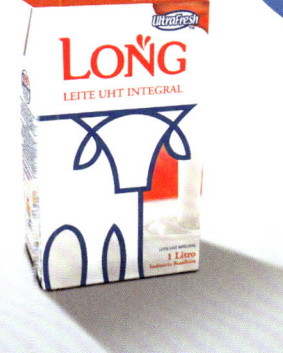

Colégio RioBranco

meio&mensagem

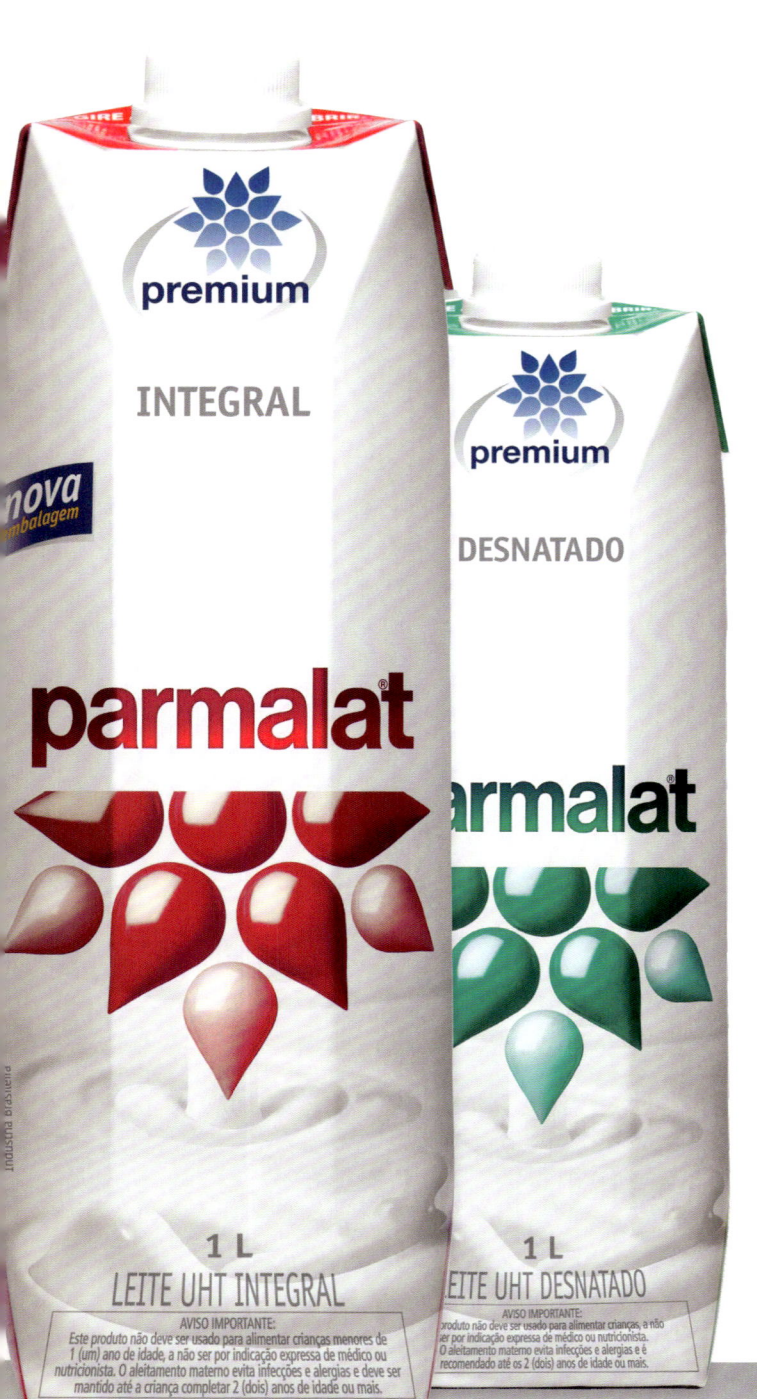

renovo

uso papel de fonte renovável certificada

reciclo

uso materiais totalmente recicláveis

menu de *sustentabilidade*

7

Sustentabilidade

Metais Sanitários - Linha Saga Cross
Fabrima

Alicate de Cutícula e Cortador de Unhas
Merheje

Máquina de Costura
Singer

Iluminação para rotatórias
Neri - Itália

Ventilador Ambiance
Arno

62, 63

Loja Conceito
Kappa - Rio de Janeiro/RJ

Loja Conceit
Lilica Ripilica Internacional - Milão - Itáli

Cafeteria
Café Octávio - Cafés Especiais - São Paulo/SP

Spice Design

ADDRESS/ENDEREÇO/DIRECCIÓN

R. Dr. César, 1102A
02013-004 – São Paulo – SP
Brazil
Fone   55-11-6977-2203
Fax   55-11-6977-2203
e-mail   spice@spicedesign.com.br
Site   www.spicedesign.com.br

CONTACT/CONTATO/CONTACTO

Gabriela Tischer
Daniella Lima

ESTABLISHED/FUNDAÇÃO/FUNDACIÓN

1999

CLIENTS/CLIENTES/CLIENTES

Águas Premiata, Ajinomoto, Alimentos Nobre
do Brasil, Aurora Fine Brands, Camil Alimentos
Editora Abril, Femepe Ind. e Comércio, Habib's,
Liotécnica, Línea, Nasha, Pompom Prod. Hig.,
Springer Carrier, Vale do Rio Pardo, Varig.

WORK FIELDS/ÁREAS DE ATUAÇÃO/ CAMPOS DE ACTIVIDAD

Branding	Branding	Branding
Packaging Design	Design de Embalagem	Diseño de Envases
Promotion Material	Material Promocional	Material Promocional
Signage Design	Projetos de Sinalização	Proyectos de Señalización

AWARD/PRÊMIOS/PREMIOS

Embanews 2006 - marketing and design

Por que Spice? O tempero é o segredo que faz a diferença em um prato. No Mercado, o que faz a diferença é o design. É o que transmite a idéia, o conceito de um produto ou empresa, que o enriquece e o posiciona. Há oito anos a Spice Design, tem como maior objetivo trazer à tona o bom design e assegurar aos clientes estratégia, qualidade e o melhor tempero em seus projetos.

Why Spice? Spice its the secret to make difference in a dish. We believe design enhances a product or company. It's what transmit ideas and concepts, enriches and brings good will. In eight years, Spice Design's main purpose has been to bring up good design and offer to clients: strategy, professional quality work, as well as the best seasoning for their projects.

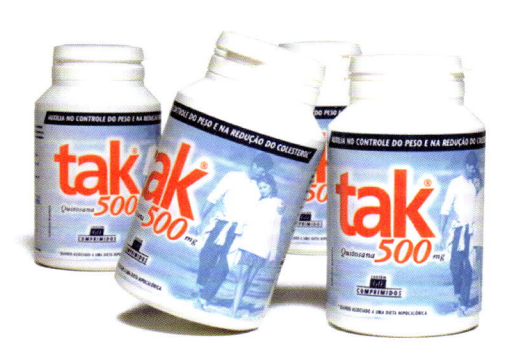

"¿Por qué Spice? El condimento es el secreto que hace la diferencia en un plato. En el Mercado, lo que hace la diferencia es el design. Es lo que transmite la idea, el concepto de un producto o empresa, que lo enriquece y lo define. Desde hace ocho años Spice Design tiene como objetivo mayor presentar un buen design y garantizar a los clientes estrategia, calidad y el mejor condimento en sus proyectos."

Tátil designing ideas

ADDRESS / ENDEREÇO
Estrada da Gávea, 712 loja 101
22610-002- Rio de Janeiro - RJ
Brazil
Fone   55 21 2111-4200
Fax   55 21 2111-4244
e-mail   ggelli@tatil.com.br
Site   www.tatil.com.br

CONTACT / CONTATO / CONTACTO
Gustavo Gelli

ESTABLISHED / FUNDAÇÃO / FUNDACIÓN
1989

CLIENTS / CLIENTES / CLIENTES
Nokia, TIM Brasil, Procter & Gamble, Natura,
Unimed, Energiza, Philips, PlayCenter,
Brastemp, Nike SB, Pão de Açúcar

WORK FIELDS / ÁREAS DE ATUAÇÃO / CAMPO DE ACTIVIDAD

Graphic Design	Design Gráfico	Diseño Gráfico
Industrial Design	Design de Produtos	Diseño de Productos
Branding	Branding	Branding
EcoInnovation	EcoInovação	EcoInnovacción

AWARD / PRÊMIOS / PREMIOS
**XIX Festival Brasileiro de Promoção,
Embalagem e Design 2007
Grand Prix de Design de Sistema do Ano**
2006 TIM FESTIVAL - Streetposter

iF Design Awards 2006
2005 TIM MUSIC AWARDS

iF Design Award 2004
BOOK TÁTIL - Tátil Portfolio

We are one of the biggest design and branding companies in Brazil, with 20 years of experience, and offices in Rio and São Paulo working with a team of more than 80 employees.

We design powerful ideas which connect people to brands. Ideas that touch the senses and turn into competitive advantage to our clients, enhancing the emotional idea that the products and services offer to people.

We develop projects for the Latin American market as well as of global scale. 30% of our business is focused on the international market.

Tátil design de idéias

Somos uma das maiores empresas de design e branding do Brasil, com 20 anos de mercado, escritórios no Rio e em São Paulo, e uma equipe de mais de 80 profissionais.

Desenhamos idéias poderosas que conectam pessoas a marcas. Idéias que falam diretamente aos sentidos e se transformam em vantagem competitiva para os nossos clientes, potencializando o significado emocional que os produtos e serviços têm para as pessoas.

Desenvolvemos projetos para a América Latina e de abrangência global. 30% do nosso negócio é voltado para o mercado internacional.

Playful

the power to thrill, to enchant;
the curious and creative eye that
inspires and carries one away.

Ecoinnovation

the extension of the object's life cycle;
the intelligent use of materials
focusing the shape;
nature as a generating resource of
insights

Business Oriented

a plunge into the consumer's
market and universe;
the deep understanding of the
client's business objectives
generating effective results.

lúdico

a capacidade de inovar, de encantar;
o olhar curioso, criativo, que inspira
e descola do lugar-comum.

ecoinovação

a extensão do ciclo de vida dos objetos;
o uso inteligente dos materiais em
benefício da forma;
a natureza como fonte geradora de
insights.

orientação para negócios

o mergulho no mercado e no
universo dos consumidores;
o entendimento profundo dos
objetivos de negócios dos nossos
clientes, gerando resultados
efetivos.

Tátil believes that ideas come up from a plunge into the universe of brands and people. The crossing of these two universes results into deliveries to three different environments:

A Tátil acredita que as idéias surgem a partir de um mergulho no universo da marca e das pessoas. O cruzamento desses dois universos se desdobra em entregas para três ambientes:

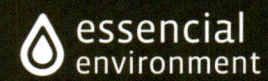

essencial environment

Brastemp BrandBook
Brand, Brand Manifest and BranDirection created by Tátil, to consolidate in 2005 the new positioning of Brastemp, a company of the Whirlpool group, Brazilian leader in home appliances.

Fruthos
Name, Brand and Packaging for the launching in the Brazilian market of the Schincariol's fruit juice, the country's second largest beverage manufacturer.

Ambiente essencial

Brastemp BrandBook
Marca, Manifesto de Marca e BranDirection criados pela Tátil para consolidar, em 2005, o novo posicionamento da Brastemp, empresa do grupo Whirlpool, líder brasileira em eletrodomésticos.

Fruthos
Nome, Marca e Embalagem para o lançamento no mercado brasileiro do suco da Schincariol, segunda maior fabricante de bebidas do país.

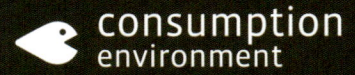

consumption environment

Nokia Button
Modular communication system, developed for Latin America, Asia and Europe, which enables the exhibition of equipment, accessories and communication pieces in several different ways, combining simplicity and a big visual impact.

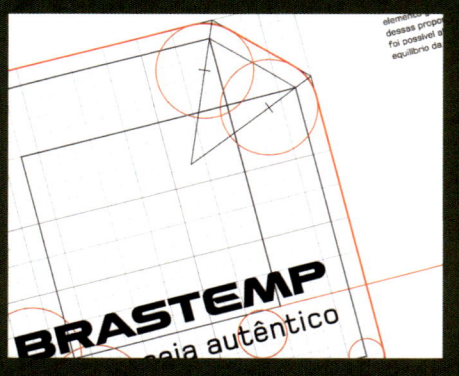

Ambiente de consumo

Nokia Button
Sistema de comunicação modular, desenvolvido para a América Latina, Ásia e Europa, que permite a exposição de aparelhos, acessórios e peças de comunicação de múltiplas formas, combinando simplicidade e grande impacto visual.

2007 Tim Festival
Creative direction, graphic language, scenography and communication pieces for the 2007 Tim Festival edition, one of the biggest music festival in the world.

Ambiente de entretenimento

TIM Festival 2007
Direção de criação, linguagem gráfica, cenografia e peças de comunicação para a edição 2007 do TIM Festival, um dos maiores festivais de música do mundo.

Tecnopop

ADRDRESS/ENDEREÇO/DIRECCIÓN
Praia do Flamengo 100 · 1101
22210-030 · Rio de Janeiro · RJ
Brazil
Fone   55-21-2558-2033
e-mail   contato@tecnopop.com.br
Site   www.tecnopop.com.br

CONTACT/CONTATO/CONTACTO
André Stolarski
Luis Marcelo Mendes
Rodrigo Machado

ESTABLISHED/FUNDAÇÃO/FUNDACIÓN
2001

CLIENTS/CLIENTES/CLIENTES
Aeroplano, Automatica, BMG, British Council,
Casa da Palavra, Coca-Cola, Editora Objetiva/
Grupo Santillana, El Paso, EMI, Fox Film, Fundação
Serralves, MAM, MASP, Movimento BR, Pernod
Ricard, Petrobras, Universal, Utopus, Warner Music.

WORK FIELDS/ÁREAS DE ATUAÇÃO/
CAMPOS DE ACTIVIDAD

Graphic design	Design gráfico	Diseño grafico
Store design	Design de varejo	Diseño de tienda
Webdesign	Webdesign	Webdesign

AWARD/PRÊMIOS/PREMIOS
Company of the Year – Prêmio Colunistas 2007
Bienal de Design Gráfico da ADG
Prêmio Max Feffer

Tecnopop

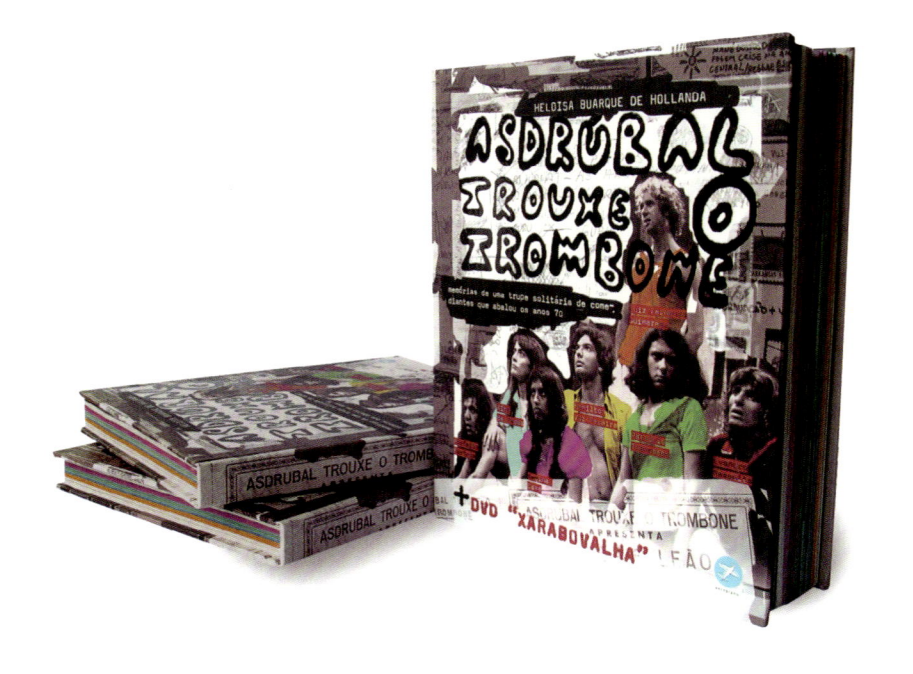

What is it that drives any given company
in the world to look down to Rio de Janeiro
and hire the services of a Brazilian graphic design
and webhouse company like Tecnopop?

It's gotta be the money, right? Come on, they must
be cheap. At least I'm sure they don't charge the same
as any studio in Manhattan—that's for sure. Do they
outsource? What are they up to? Maybe — just maybe
— money is not the issue. Not the main issue, anyway.
These guys are good, right? I mean, people say they
are among the 20 top design studios in Brazil.
Well, they have shown their work in a recent exhibition
at the New York Art Directors Club. Big deal. So did
Paula Scher, Saul Bass and many others. Hey, did I tell
you that one of Tecnopop's partners was associated
with Saul Bass in the 90's? No? Anyway, maybe these
guys are good.

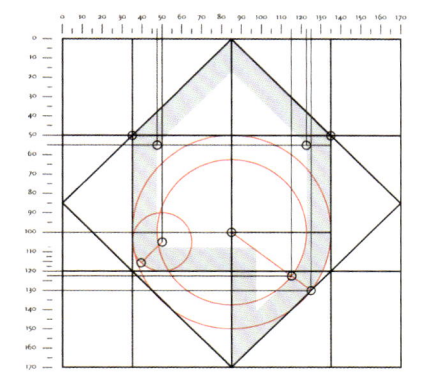

CASADAPALAVRA

Maybe people in America or Europe really hire Tecnopop for their quality. I've seen their website. They gotta be good. They were selected to appear in Taschen's Latin American & Caribbean Graphic Design catalogue. Long four pages, I've been told. Yeah, their work's ok. Maybe they are nothing but german style design freaks and techie nerds.

I don't know. I've seen their faces on their website and, apparently, they're normal. Maybe they're not so stressed like us. After all, they're footsteps away from Copacabana, samba, capirinhas and all that jazz. And they've been getting some really cool prizes recently, see? They've developed a website which just won the The 2007 Prix Ars Electronica for Digital Communities, a.k.a. Golden Nica. Sounds good. Wikipedia – I said Wikipedia – won one of those as well.

The winning website, called Overmundo, is a "web 2.0 community as well as a software tool focused on Brazilian cultures in all their diversity and complexity that conveys culturally and sociopolitically relevant discussions and scenes from large urban centers to rural regions", says the press release. Now they're exporting this technology.

Ok. Maybe we should give these guys a chance. Send them an e-mail and let's see what happens. Anyway, they gotta be cheap, right? At least I'm sure they don't charge the same as any studio in Manhattan.

Urbanabr Movelaria e Design

ADDRESS/ENDEREÇO/DIRECCIÓN
Rua Ignácio Pereira da Rocha, 382
05432-011- São Paulo - SP
Brazil
Fone   55-11-3031-6699
e-mail   urbanabr@urbanabr.com.br
Site   www.urbanabr.com.br

CONTACT/CONTATO/CONTACTO
Vincenzo Colonna

ESTABLISHED/FUNDAÇÃO/FUNDACIÓN
1981

**WORK FIELDS/ÁREAS DE ATUAÇÃO/
CAMPOS DE ACTIVIDAD**

Corporative Design	Desenho Corporativo	Diseño Corporativo
Furniture Design	Design de Mobiliário	Diseño de Muebles
Ergonomic Projects	Projetos Ergonômicos	Proyectos Ergonomicos

urbanabr

áreas externas
garden furniture

mobiliário comercial

Madeira reflorestada

Designers e Arquitetos desenvolvem projetos, focados em estofados e móveis de madeira, residenciais, comerciais e para áreas externas, projetamos para uso de madeiras reflorestadas e certificadas tais como Teka e outras, desde que obedeçam a padrões internacionais de **sustentabilidade**.

Designers and Architects furniture designer's phocused our work on upholstered furniture and wood furniture for residential, gardens and corporate use. Made out off reforested and certified wood, such as a Teak following all patterns of sustainability.

banco jum

a arte expressa em mobiliário

móveis residenciais
home furniture

Vinil Design

ADDRESS/ENDEREÇO/DIRECCIÓN
Avenida Mofarrej, 1200 – Espaço Bic
05311-000 – São Paulo – SP
Brazil
Fone   55-11-3834-3191
Fax   55-11-3834-3191
e-mail   contato@vinil.com.br
Site   www.vinil.com.br

CONTACT/CONTATO/CONTACTO
Fernanda Cerávolo
Cláudio Bueno
Thais Zochi Simino

ESTABLISHED/FUNDAÇÃO/FUNDACIÓN
2004

CLIENTS/CLIENTES/CLIENTES
Fnac, Telefónica, Sony, Terra, Cemusa,
Hellmanns/Unilever, IAB - Internet
Advertising Bureau Brazil, Tectoy, Museu de
Arte Moderna da Bahia, Instituto Acaia,
Instituto de Mídia e Artes, Primo Filmes,
McCann Erickson, Grey, Sixpix Content.

WORK FIELDS/ÁREAS DE ATUAÇÃO/
CAMPOS DE ACTIVIDAD

Digital Design	Design Digital	Diseño Digital
Webdesign	Webdesign	Webdesign
Motion Design	Motion Design	Motion Design
Illustration	Ilustração	Ilustración

www.vinil.com.br

website, character and product development

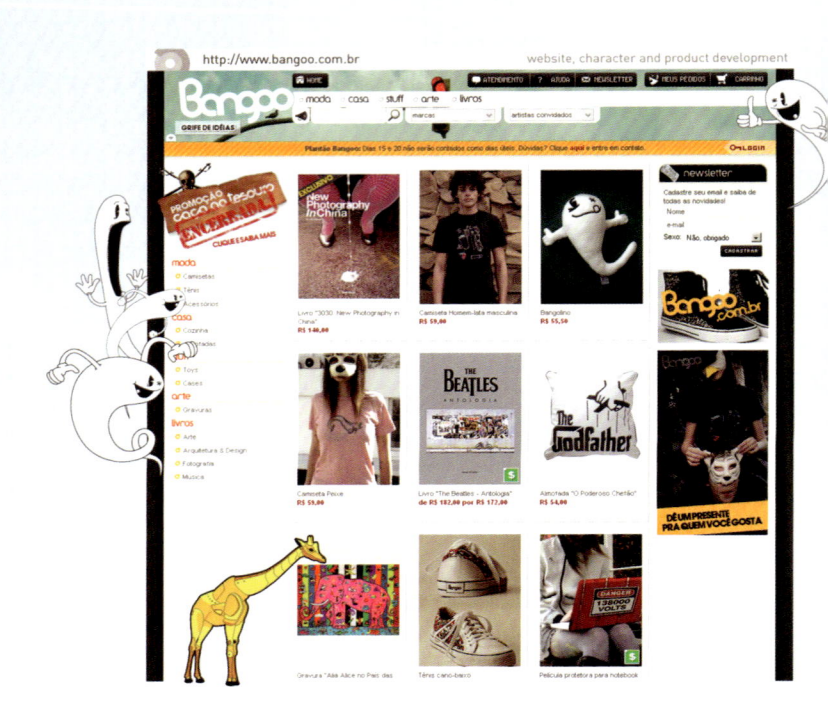

http://www.bangoo.com.br

http://www.fabricandotomze.com.br   website design

http://www.ttmobile.com.br — website design | character development

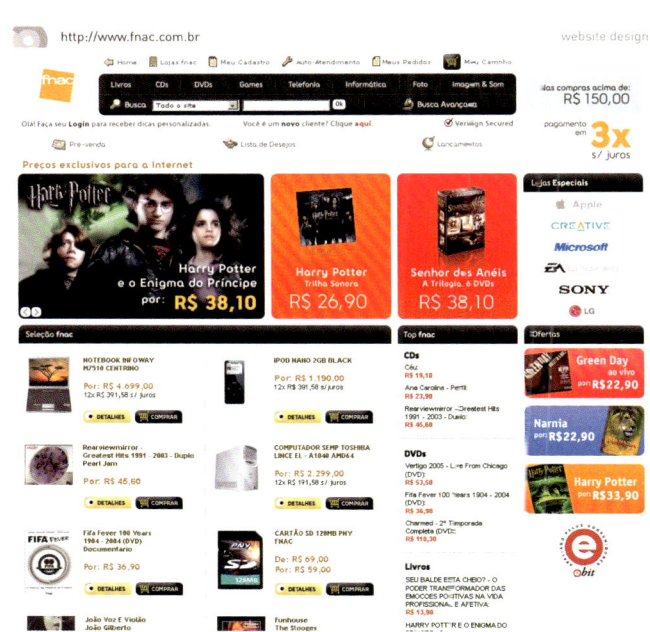

http://www.fnac.com.br — website design

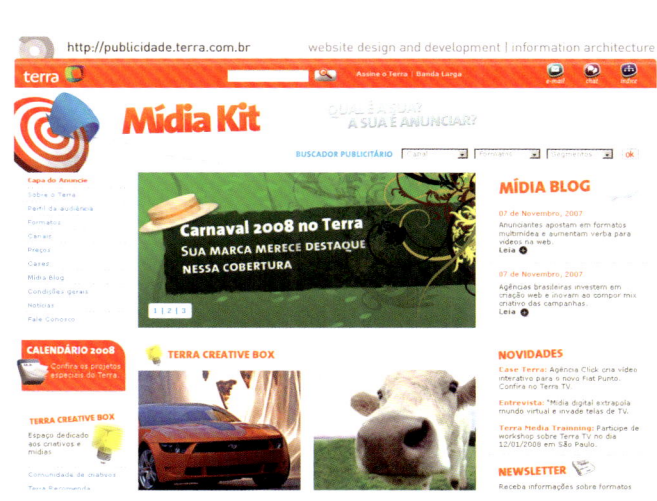

http://publicidade.terra.com.br — website design and development | information architecture

http://www.fnac.com.br — Universal Pictures hotsite

Associados ABEDESIGN

Associates ABEDESIGN

Asociados ABEDESIGN

Benchmark Design Total
Brander Design
Casepack
Chelles & Hayashi
CMS Design
Coral Design
Deviá Design e Arquitetura
E / OU Mkt de Relacionamento
Facilities do Brasil
Fix Design — Camila Fix
Fullpack
Ikko Home Design
Indesign
J. Madsen Comunicação
Lumen
Objeto Brasil
On Art Design
Questto Design
Rio 21 Design
Sansei Arquitetura e Projetos
Segmento Com & Design
Speranzini Design
Superbacana Design

Benchmark Design Total

ADDRESS/ENDEREÇO/DIRECCIÓN
Rua Professor Filadelfo Azevedo, 498
04508-011 - São Paulo - SP
Brazil
Fone 55-11-3057-1222
Fax 55-11-3057-1222
e-mail designtotal@bench.com.br
Site www.bench.com.br

CONTACT/CONTATO/CONTACTO
Luiz Roberto Farina

ESTABLISHED/FUNDAÇÃO/FUNDACIÓN
1986

CLIENTS/CLIENTES/CLIENTES
Alpargatas, Avon, Cia Müller de Bebidas,
DM Monange, Dupont, Faber Castell,
Jack Daniel's, J. Macedo, Laboratórios Aché,
Parmalat, Papaiz, Phisália, Polenghi, Reckitt
Benckiser, Sadia, Sara Lee Cafés do Brasil,
Unimed Brasil.

WORK FIELDS/ÁREAS DE ATUAÇÃO/ CAMPOS DE ACTIVIDAD

Packaging Design	Design de Embalagem	Diseño de Envase
Corporate Visual Identify	Identidade Visual	Identidad Visual
Environmental Design	Design de Ambientes	Diseño de Ambientes
Web Design	Design Digital	Diseño Digital

BENCHMARK
DESIGN TOTAL

Chandon Rouge

Forma e identidade visual minimalista para um
espumante rosado e sensual.

Minimalist form and graphics for sensual pink
sparkling wine.

Una Forma e identidad visual minimalista para
un vino espumoso rosado y sensual.

Yakult Cosmetics – Show room

Alta tecnologia nos produtos com atendimento pessoal, imagem refletida no espaço de apresentação da linha.

High-tech feeling given to showroom, to reflect product positioning.

Alta tecnología en los productos, con atendimiento personal, imagen reflectada en el espacio de la presentación de la línea.

Havaianas – Oscar

Embalagem temática para as esclusivas sandálias Havaianas presentadas aos indicados ao Oscar 2007.

Themed gift set for exclusive Havaianas flip–flops given to all 2007 Oscar nominees.

Envase temático para las exclusivas chanclas Havaianas, regaladas a los indicados al premio Oscar 2007.

Brander Design

ADDRESS/ENDEREÇO/DIRECCIÓN
Rua Artur de Azevedo, 1767 - cj. 42
05404-014 - São Paulo - SP
Brazil
Fone   55-11-3067-5990
Fax   55-11-3067-5990
e-mail hamilton@branderdesign.com.br
site www.branderdesign.com.br

CONTACT/CONTATO/CONTACTO
Hamilton Corrêa

ESTABLISHED/FUNDAÇÃO/FUNDACIÓN
2005

CLIENTS/CLIENTES/CLIENTES
Açúcar União - Nova América, Aselco
Automação, DKT International, Lobini
Automóveis, Lobo & de Rizzo Advogados,
Mantecorp, Nutty Bavarian, Pinheiro Neto
Advogados, Restaurante Mori Sushi Jardins,
Unibanco, Velocità, Wheaton Brasil.

WORK FIELDS/ÁREAS DE ATUAÇÃO/ CAMPOS DE ACTIVIDAD

Branding	Branding	Branding
Graphic Design	Design Gráfico	Diseño Grafico
Store Design	Ambiente de Varejo	Diseño de Tienda
Signage Design	Projetos de Sinalização	Proyectos de Senalización
Packaging	Design de Embalagens	Diseño de Envase
Web Design	Web Design	Web Design

Brander was created to help brands find inspiring narrative for their own true. Each brand carries certain ancestral, a net of meanings founders of its identity. As brand builders our task is to apply methodologies that reveal the positioning and unique values of a brand. As designers our role is to add color and warming to the brand strategies, creating empathy and emotional attachments with all the brand's publics.

A Brander foi criada para ajudar as marcas a encontrarem uma narrativa inspiradora para suas próprias verdades. Toda marca carrega uma certa ancestralidade, uma rede de significados fundadores de sua identidade. Como construtores de marca nossa tarefa é aplicar metodologias que revelem o posicionamento e os atributos únicos de cada marca. Já como designers nosso papel é dar cor e calor às estratégias da marca, gerando empatia e criando vínculos emocionais com todos os seus públicos.

Brander ha sido creada con el objetivo de ayudar las marcas a encontrar una narrativa inspiradora para sus propias verdades. Cada marca trae consigo una cierta carga ancestral, una red de significados fundadores de su identidad. Como constructores de marca nuestra tarea es aplicar metodologias que revelen el posicionamiento y los atributos únicos de cada marca. Ya como designers, nuestro papel es dar color y calor a las estrategias de marca, generando empatía y originando vínculos emocionales con todos sus públicos.

CORISTINA - 3D ILLUSTRATION AND PHOTOGRAPHY/ILUSTRAÇÃO 3D E FOTOGRAFIA MARCO CEZAR **LOBINI E FUNDO DA MARCA VELOCITÀ** - PHOTOGRAPHY/FOTOGRAFIA - HILTON RIBEIRO **UNIÃO** - PACKAGING/EMBALAGENS - 3D ILLUSTRATION/ILUSTRAÇÃO 3D - Z-AXIS PHOTOGRAPHY/FOTOGRAFIA - ANDRÉ ANDRADE E EDUARDO BARCELLOS

THE CORISTINA'S PACKAGING AND THE MANTECORP'S IDENTITY BOOK WERE DONE IN COLABORATION WITH AFRICA PROPAGANDA./O PROJETO DE EMBALAGENS DE CORISTINA E O MANUAL MANTECORP FORAM REALIZADOS EM PARCERIA COM A AFRICA PROPAGANDA.

Correndo com você

Casepack

ADDRESS/ENDEREÇO/DIRECCIÓN
Rua José Cavalcanti, 287 - Vila Real
CEP: 13183-040 - Hortolândia - SP
Brasil
Fone: 55-19-3865-2340
Fax: Ramal 802
Site: www.casepack.com.br
e-mail: case@casepack.com.br

CONTACT/CONTATO/CONTACTO
Flávio Dantas

ESTABLISHED/FUNDAÇÃO/FUNDACIÓN
1988

CLIENTS/CLIENTES/CLIENTES
Merial Saúde Animal, Merck Sharp & Dohme,
Laboratório ADV Farma, Luper Indústria
Farmacêutica, TetraPak, Socôco, BIG,
Nutrimento Alimentos, Laticínios Latco,
Cativa, Daune, Vitaquima / Roche, Confepar,
Moinho de Trigo Arapongas, Latco Beverages,
Secretaria do Estado de Minas Gerais,
PhytoNutre.

WORK FIELDS/ÁREAS DE ATUAÇÃO/ CAMPOS DE ACTIVIDAD

Graphic and Estructural Design	Desenvolvimento Gráfico e Estrutural	Diseño Gráfico y Estructural
Branding	Gestão de Marca	Marca
Promotional Marketing	Marketing Promocional	Marketing Promocional
Shape and 3D Animation	Modelagem e Animação 3D	Forma y Animación 3D

GESTÃO DE MARCA

DESENVOLVIMENTO GRÁFICO

MARKETING PROMOCIONAL

Chelles & Hayashi Design

ADDRESS/ENDEREÇO/DIRECCIÓN
Rua Áurea, 2
04015-070 - São Paulo - SP
Brazil
Fone   55-11-5573-3470
Fax   55-11-5573-3470 ext 21
e-mail info@design.ind.br
Site   www.design.ind.br

CONTACT/CONTATO/CONTACTO
Romy Hayashi
Gustavo Chelles

ESTABLISHED/FUNDAÇÃO/FUNDACIÓN
1994

CLIENTS/CLIENTES/CLIENTES
Mueller Eletrodomésticos, Mueller Fogões,
Tigre, Natura, Johnson & Johnson (USA),
Covadis (Switzerland), Tabacaria Caruso,
Panasonic, Mercure/Accor, Enermax, Unicred,
Correio Braziliense, Above-net

**WORK FIELDS/ÁREAS DE ATUAÇÃO/
CAMPOS DE ACTIVIDAD**

Industrial Design	Design de produtos	Diseño de productos
Graphic Design	Design Gráfico	Diseño Gráfico
Packaging	Design de embalagens	Diseño de Envase

AWARD/PRÊMIOS/PREMIOS
Prêmio Design Museu da Casa Brasileira:
Porta-filtros Melitta, Lavadora Nina, Lavadora
Poptank, Centrífuga Mueller, Tanque Tigre,
Lavadora Superpop

Prêmio Abiplast Design: Tanque Tigre,
Lavadora Belíssima

Prêmio Top XXI: Lavadora Superpop

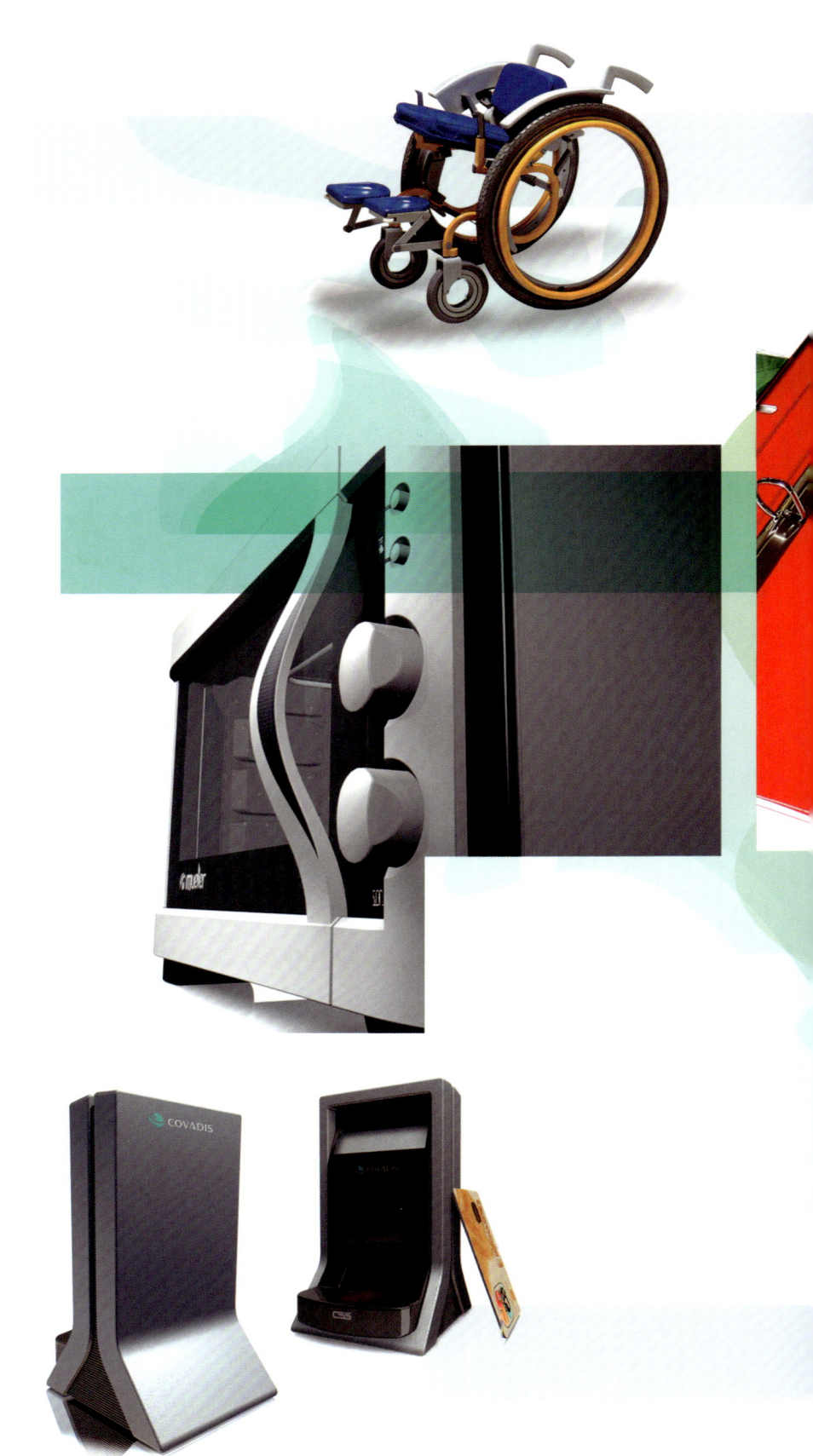

CMS Design

ADDRESS/ENDEREÇO/DIRECCÍON
Rua Pedroso Alvarenga, 990
10 andar – conjunto 102 – Itaim Bibi
04531-004 – São Paulo – SP
Brazil
Fone/fax   55-11-3167-6173
e-mail   cms_design@uol.com.br

CONTACT/CONTATO/CONTACTO
Liliana Saporiti

ESTABLISHED/FUNDAÇÃO/FUNDACIÓN
1988

CLIENTS/CLIENTES/CLIENTES
Etel Interiores, Firma Casa,
Casa 21, DPOT

**WORK FIELDS/ÁREAS DE ATUAÇÃO/
CAMPOS DE ACTIVIDAD**

Furniture Design	Design de Mobiliário	Diseño de Muebles
Interior Design	Design de Interiores	Diseño de Interiores

FEIXE SIDEBOARD – ETEL INTERIORES – 2005

CRISTIANO RASCARD

Claudia Moreira Salles graduated from the Escola Superior de Desenho Industrial (College of Industrial Design) in Rio de Janeiro. In 1988 she established her design studio in São Paulo, which specializes in furniture and interior design. Among the studio's clients are: Firma Casa, Casa 21, Dpot, and Etel Interiores, which produces and sells wood furniture certified by the WWF's Forest Stewardship Council. Her works sell in galleries in Brazil, the U.S., and throughout the European Union. Her innovative designs combine traditional cabinetmaking techniques with the rationalism of industrial production, reflecting the character and uniqueness of each of her clients. Claudia has shown her work in solo exhibitions at Casa França Brasil (Rio de Janeiro, 1998), Museu da Casa Brasileira (São Paulo, 2005), and Paço Imperial (Fio de Janeiro, 2007).

ANDRÉS OTERO

FRESTA TABLE – ETEL INTERIORES – 2001

MANDALA COFFEE TABLE – CASA 21 – 2005

ROMULO FIALDINI

CASA ARMCHAIR – DPOT – 2007

Coral Design

ADDRESS/ENDEREÇO/DIRECCIÓN
Avenida Francisco Sales, 1614, sala 1505
Belo Horizonte - MG - Cep.: 30150-221
Brazil
Fone   55-31-3227-2006
Fax   55-31-3227-2006
Peru
Fone   51-1-9155-3631
e-mail   coral@coraldesign.com.br
Site   www.coraldesign.com.br

CONTACT/CONTATO/CONTACTO
Carol Teixeira
Daniela Teixeira

ESTABLISHED/FUNDAÇÃO/FUNDACIÓN
2004

CLIENTS/CLIENTES/CLIENTES
Água Mineral Ingá, Banco Semear,
Cooperativa Agropecuária Vale do Rio Doce,
Goody Alimentos, Laive Peru, Laticínios
Condessa, Museu Histórico Abílio Barreto,
Strata Engenharia, Telemig Celular, Tetra Pak.

**WORK FIELDS/ÁREAS DE ATUAÇÃO/
CAMPOS DE ACTIVIDAD**

Branding	Branding	Branding
Industrial Design	Design de Produtos	Diseño de Productos
Packaging	Design de Embalagens	Diseño de Envases
Graphic Design	Graphic Design	Graphic Design

coraldesign

Deviá Design e Arquitetura Associados

ADDRESS/ENDEREÇO/DIRECCIÓN
Rua Princesa Isabel, 1501 - Brooklin Paulista
04601-003 - São Paulo - SP
Brazil
Fone   55-11-5096-0850
Fax   55-11-5531-2796
e-mail   ldda@uol.com.br
Site   www.devia-design.com.br

CONTACT/CONTATO/CONTACTO
Luciano Deviá
Magali Teresa de Freitas

ESTABLISHED/FUNDAÇÃO/FUNDACIÓN
1984

CLIENTS/CLIENTES/CLIENTES
Porto Seguro Seguros, Papaiz, Elgin,
Compaq, Guardian, Olivetti, Parmalat,
Dominici, Ikko, Rudnick, Sebrae, Senai,
Yashica, AGF Brasil Seguros, Alcoa, Banco
Bradesco, Banco Safra, Cia Tropical de
Hotéis, Celite, Continental 2001, Arno,
Ducha Corona, Epson, Fiorucci, Pioneer,
Perstorp, Panex, Probjeto e Kikkoman.

WORK FIELDS/ÁREAS DE ATUAÇÃO/ CAMPOS DE ACTIVIDAD

Industrial Design	Design de Produtos	Diseño de Productos
Architecture	Arquitetura	Arquitectura
Interior Design	Design de Interiores	Diseño de Interiores
Workshops	Workshops	Workshops

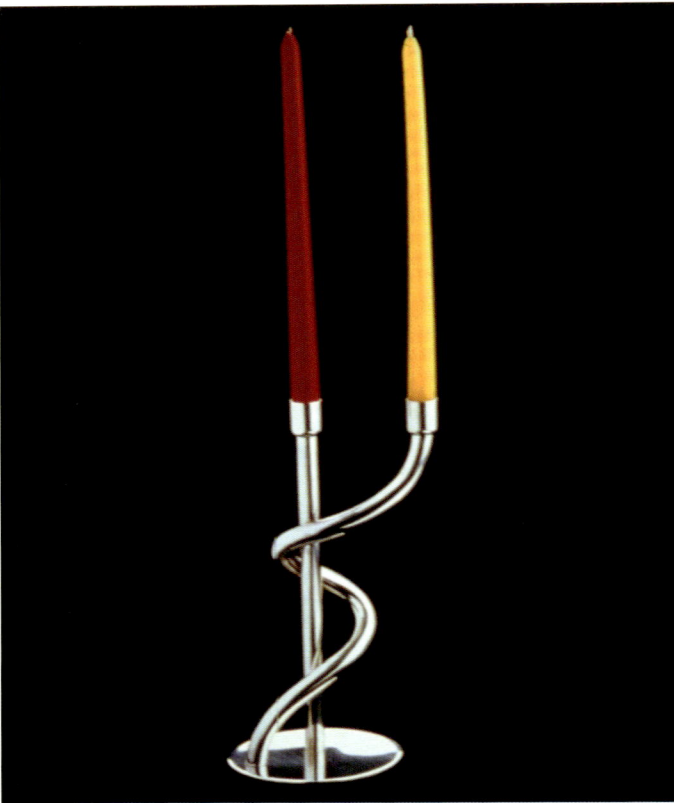

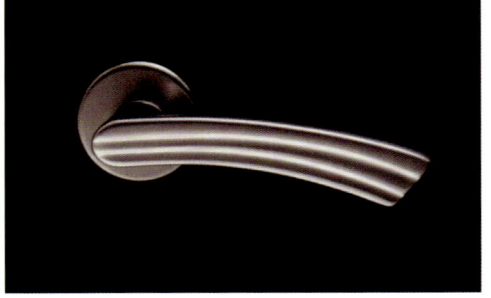

e|ou mkt de relacionamento

ADDRESS/ENDEREÇO/DIRECCIÓN
Rua João Moura, 2370
04512-004 – São Paulo – SP
Brasil
Fone/Fax   55-11-3032-3339
e-mail   eou@eou.com.br
Site   www.eoucom.br

CONTACT/CONTATO/CONTACTO
Fábio Caldeira de Souza

ESTABLISHED/FUNDAÇÃO/FUNDACIÓN
2004

CLIENTS/CLIENTES/CLIENTES
Apeugeot, Johnson & Johnson, Care,
ActionAid, Alcoa, Delphi, BRA, TV Cultura,
entre outros.

WORK FIELDS/ÁREAS DE ATUAÇÃO/
CAMPOS DE ACTIVIDAD

Marketing
Direto
Endomarketing

Marketing de
Incentivo
Marketing de
Relacionamento

AWARD/PRÊMIOS/PREMIOS
Abmed - ouro/2005, ouro/2006,
prata/2006, ouro/2007
Amauta - ouro/2006,
prata/2006,bronze/2006
Echo Awards - bronze/2005

mkt de relacionamento

CARE - Folder CO_2

TV CULTURA - Ação Cocoricó

PEUGEOT - Convite 407

GETTY IMAGES - Site

JOHNSON & JOHNSON - Incentivo

Facilities do Brasil

ADDRESS/ENDEREÇO/DIRECCIÓN
Rua Mafalda Deolinda F. da Costa,186
06765-310 - Taboão da Serra - SP
Brazil
Fone   55-11-4787-0217
Fax   55-11-4787-0217
e-mail facilities@facilitiesbr.com
Site   www.facilitiesbr.com

CONTACT/CONTATO/CONTACTO
Shelda Márcia Daluz
Armando Sanchez

ESTABLISHED/FUNDAÇÃO/FUNDATION
2001

CLIENTS/CLIENTES/CLIENTES
Franke, SCA, Elgin , Spicy

WORK FIELDS/ÁREAS DE ATUAÇÃO/ CAMPOS DE ACTIVIDAD

Industrial Design	Design Industrial	Design Industrial
Domestic Utilities	Utilitários Domésticos	Utilitários Domésticos

AWARD/PRÊMIOS/PREMIOS
Design Excellence Brazil 2005
IF Design Awards 2005
CNI/FIESP 2006
House & Gift Design 2006
Design Excellence Brazil 2007
IF Design Awards 2007

facilitiesbr.com

TEAK WOOD ®

BRAZILIAN TEAK ®

NOSSO CONCEITO
Design brasileiro aplicado à matéria prima nobre e inusitada para uma proposta de vanguarda em produtos utilitários, agregando valores tecnológicos de projeto e produção.

NOSSA MADEIRA
Produtos desenvolvidos em madeira nobre TECA (Tectona grandis) de reflorestamento certificado brasileiro, ecologicamente correta, com características especiais: resistente a alterações climáticas, ataques biológicos e com baixíssimo índice de absorção de água.

OUR CONCEPT
Brazilian design applied to noble raw material and unusual for a vanguard proposal in utilities products, adding technological values of design and production.

OUR WOOD
Products developed in noble wood TECA (Tectona grandis) of brazilian reforestation certificate, ecologically correct, with special features: resistant to climate change, biological attacks and with the low rate of water absorption.

NUESTRO CONCEPTO
Diseño brasileño aplicado a las materias primas nobles y una propuesta diferenciada para los productos de vanguardia a los produtos de utilidad, agregando valores tecnologicos de diseño y producción.

NUESTRA MADERA
Productos elaborados en madera noble TECA (Tectona grandis), de reforestación certificado en el Brasil, ecologicamente correcta, con características especiales:
Resistente a los cambios climaticos, ataques biológicos y con baja tasa de absorción de agua.

iF product design award 2007

iF product design award 2005

CAMILA FIX

ADDRESS/ENDEREÇO/DIRECCIÓN
Rua Décio Reis, 202
05446-010 - São Paulo - SP
Brazil
fone   55 - 11 - 3081-7577
E-mail   cfix@camilafix.com.br
Site   www.camilafix.com.br

CONTACT/CONTATO/CONTACTO
Camila Fix

ESTABLISHED/FUNDAÇÃO/FUNDACIÓN
1996

CLIENTS/CLIENTES/CLIENTES
Tok & Stok, Benedixt, Zona D, Papel Craft,
Inove Store

**WORK FIELDS/ÁREAS DE ATUAÇÃO/
CAMPOS DE ACTIVIDAD**

Industrial Design	Design de Produtos	Diseño de Productos

AWARD/PRÊMIOS/PREMIOS
Mancebo Clip
XVII Prêmio Design Museu da Casa
Brasileira - 2003

Jarra Poli
XI Prêmio Design Museu da Casa
Brasileira - 1997

FIX DESIGN

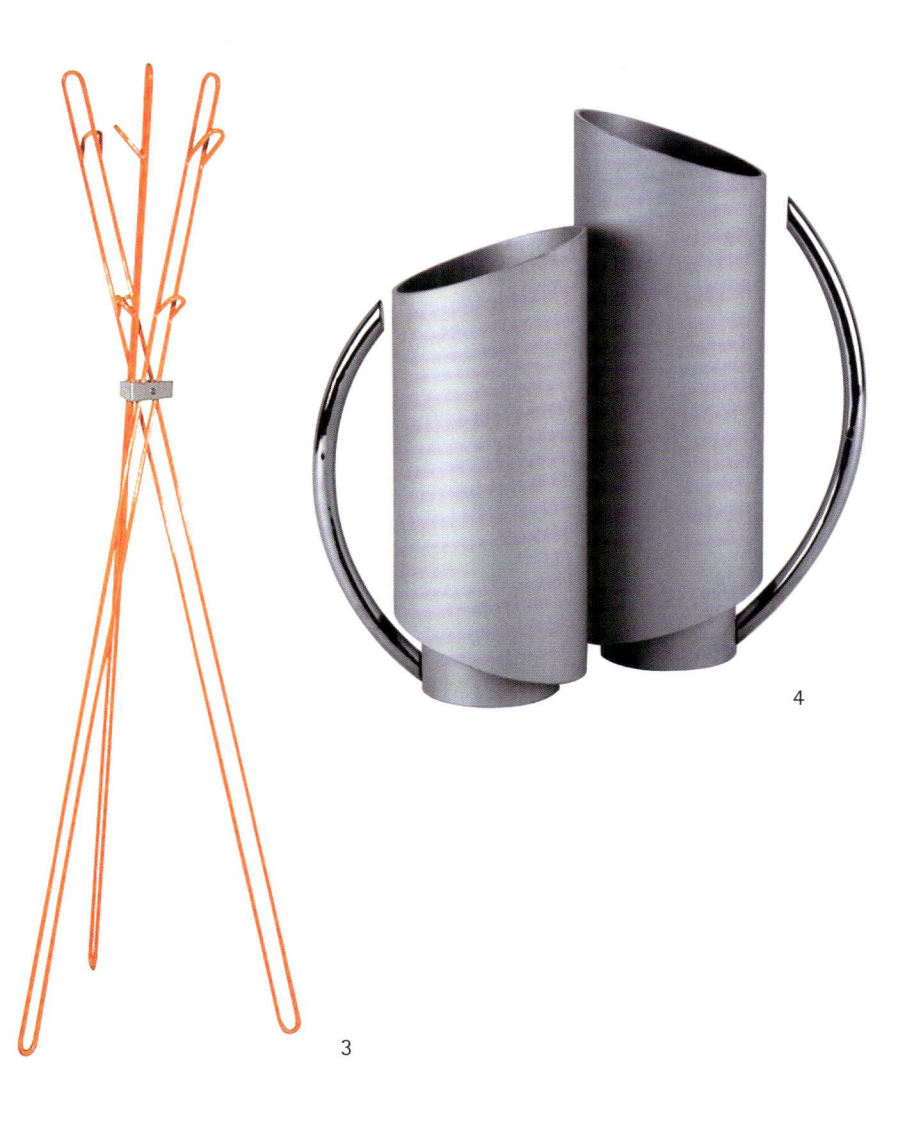

3

4

Camila criou a Fix Design em 1996 com o objetivo de criar e produzir móveis e objetos em séries limitadas. Atualmente atua também como diretora de arte da Proa Produtos, BRZ Design e Índio da Costa Design - São Paulo. Camila prioriza aspectos como mobilidade e versatilidade, características que podem ser observadas em produtos como a Mesa Rótula, o Biombo Ripa e o Mancebo Clip. Através de um sistema de articulação dos pés, a Mesa Rótula pode ser utilizada como mesa de centro e mesa de jantar. A linha de Móveis Ripa, criada a partir do biombo, é composta por elementos modulares integrados por um simplificado sistema de montagem com eixos articulados que propiciam o fechamento das peças facilitando o armazenamento e transporte. O mancebo é composto por três hastes iguais interligadas por um eixo central triangular, que possibilita a rotação até o travamento das hastes, proporcionando estabilidade à peça em uso e o fechamento destas, facilitando armazenamento e transporte.

Camila Fix launched Fix Design in 1996 with the aim of creating and producing limited edition furniture and objects. She is also currently the art-director of Proa Produtos, BRZ Design and Indio da Costa Design - São Paulo. Mobility and versatility are two qualities in which Camila takes special interest, as can be seen in the Rotula table, Ripa Screen and Clip Clothes Hanger. The table offers an attractive solution to the problem of converting a low, auxiliary table into a dining-room table through its articulated legs. The Ripa Screen design has expanded to include an elegant range of garden furniture with an ingenious system of moving hinges that facilitates assembly, storage and transportation. The Clip Clothes Hanger has a triangular central axle attaching its three legs, giving mobility to each part and allowing for easy transportation and storage.

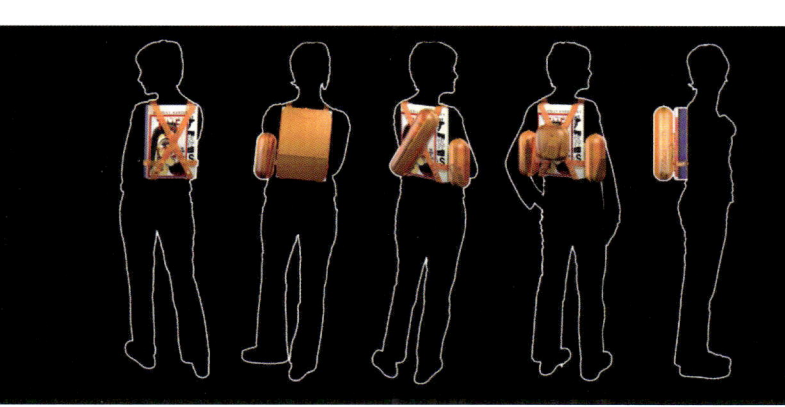

5

1. Biombo Ripa / Ripa Screen
Biennale Internacionale Design Saint Étienne 2000
Brazil Faz Design - Paralello al Salone del Mobile Milano 2000
2. Mesa Rótula / Rótula Table
Biennale Internacionale Design Saint Étienne 2000
3. Mancebo Clip / Clip Clothes Hanger
Brasil Faz Design - Paralello al Salone del Mobile Milano 2004
4. Jarra Poli / Polir Jug
Forum industri Hannover 1998
Expo Universo Brasil - Triennale di Milano 2001
Designmai - Berlim 2006
5. Mochila Fix / Fix Bagpack
Urban Life Style - Università La Sapazienza di Roma 2005

fullpack

ADDRESS/ENDEREÇO/DIRECCIÓN
Avenida Sernambetiba, 6.450
22630-013 - Barra da Tijuca - RJ
Brazil
Fone   55-21-3385-4205
Fax   55-21-3385-4205
e-mail   fullpack@fullpack.net
site   www.grupomaz.com.br

CONTACT/CONTATO/CONTACTO
Mauricio Marquez
Luis Carlos Sinoti

ESTABLISHED/FUNDAÇÃO/FUNDACIÓN
2004

CLIENTS/CLIENTES/CLIENTES
Supermercados Guanabara, Hortifruti,
Firenze, Embelleze, CASA&VIDEO, Kraft
Foods, Gran Mimoso, Guaracamp, Sitio Real,
Vital Grupo, High End.

WORK FIELDS/ÁREAS DE ATUAÇÃO/ CAMPOS DE ACTIVIDAD

Store Design	Ambiente de Varejo	Diseño de Tienda
Industrial Design	Design de Produtos	Diseño de Productos
Packaging	Design de Embalagens	Diseño de Envases

AWARD/PRÊMIOS/PREMIOS
London International Awards 2005
Festival Brasileiro de Promoção, Embalagem
e Design 2005

fullpack is a branding and design agency with multidiscipline action.
Built by design thinkers, fullpack is part of the **Maz Group** and develops a wide variety of **brand and product projects**, putting together techniques, creativity and strategy. At fullpack, we believe that **design** is **the single most important integration element** as far as brand consolidation is concerned.

A **fullpack** é um **escritório de branding e design** com **atuação multidisciplinar**. Formada por design thinkers, faz parte do **Grupo Maz** e desenvolve os mais diversos projetos de **construção de marcas e produtos**, aliando técnica, criatividade e estratégia. A fullpack acredita que o **design** é o **principal elemento integrador** na consolidação de uma marca.

fullpack es una **oficina de branding y diseño** con **actuación multidisciplinar**. Formada por design thinkers, hace parte del **Grupo Maz** y desarrolla los más diversos proyectos de **construcción de marcas y productos**, uniendo técnica, creatividad y estrategia. fullpack cree que el **diseño** es el **principal elemento integrador** en la consolidación de una marca.

1.

2.

4.

5.

3.

1. New healthy line of Firenze bread
2. Bom Sumo fruit juice
3. Olive oil Sabor Português
4. New design of CASA&VIDEO brand
5. Development of the new Definitive brand

fullpack design

At fullpack, design is conceived as result of a sharp knowledge of targets, markets, products and functional, sensorial and ergonomic aspects. Research results, **proprietary methodologies** and experience is translated into signs and shapes to represent the brand DNA. This way, we build **design that brings results and success to our client's businesses.**

Na **fullpack**, o design é concebido a partir do **conhecimento apurado** sobre o target, o mercado, o produto, seus aspectos funcionais, sensoriais e ergonômicos. Resultado de pesquisas, **metodologias próprias** e experiências traduzidas em signos e formas para representar o DNA da marca. Assim, construímos um **design que garante sucesso aos negócios dos clientes.**

En **fullpack**, el diseño es concebido a partir del **conocimiento apurado** sobre el target, el mercado, el producto, sus aspectos funcionales, sensoriales y ergonómicos. Resultado de pesquisas, **metodologías propias** y experiencias traducidas en signos y formas para representar el ADN de la marca. De esa manera, construímos un **diseño que garantiza éxito a los negocios de los clientes.**

6.

7.

8.

IKKO Home Design

ADDRESS/ENDEREÇO/DIRECCIÓN
Rua Volta Redonda, 545 - Campo Belo
04608-010 - São Paulo - SP
Brazil
Fone   55-11-3437-8700
Fax   55-11-5093-9033
e-mail   marketing@ikko.com.br
Site   www.ikko.com.br

CONTACT/CONTATO/CONTACTO
Enrico Sessarego
Faten Siviero

ESTABLISHED/FUNDAÇÃO/FUNDACIÓN
1975

CLIENTS/CLIENTES/CLIENTES
Coca-Cola, Pepsico, Kellogs, Kraft Food,
Nestlé e Unilever.

WORK FIELDS/ÁREA DE ATUAÇÃO/
CAMPOS DEL FUNCIONAMIENTO
Industrial Design
Design de Produtos
Diseño de Productos

■ PORTA CLIPS - ORKO

Surge no Brasil a marca IKKO, cultivada em quase 30 anos de experiência do Grupo GS, que tem como missão fomentar a industria nacional, potencializar o talento de designers brasileiros transformando suas idéias em rea.idade produtiva. IKKO traz a assinatura do renomado designer italiano Luciano Deviá e também assinatura de sua equipe de criação – ZigZag Design, composta por jovens designers de produto.

Constituída de uma coleção com quase 20 produtos para a linha casa, a linha une design arrojado e qualidade de fabricação. Através de um conceito inovador, são idéias inteligentes que transformam em utensílios singulares e funcionais, privilegiando toda a riqueza do nosso país, sejam nas cores ou na alegria; características internacionalmente reconhecidas como exclusividade cultural do Brasil.

■ PORTA FITA ADESIVA - GENI

A new brand – IKKO – is created, as a result of almost 30 years of experience of the GS Group. Its mission is to stimulate the Brazilian market by transforming the ideas of talented Brazilian designers into business reality. IKKO has the signature of the renowned Italian designer Luciano Deviá and also of its team of young designers (ZigZag Design).

The collection is composed initially by almost 20 products for houseware, which has combined bold design and outstanding quality. The company goal is to create unique and functional products by using smart ideas, innovative design and the influence of the Brazilian cultural heritage, known worldwide for being colorful and fun.

■ SALEIRO & PIMENTEIRO - BONDINHO

■ ESPREMEDOR DE FRUTAS CÍTRICAS - CORISCO

INDESIGN

ADDRESS/ENDEREÇO/DIRECCIÓN
Rua Almirante Marques Leão, 723
01330-010 - São Paulo
Brazil
Fone   55-11-3284-0570
e-mail   contato@indesignsp.com.br
Site   www.indesignsp.com.br

CONTACT/CONTATO/CONTACTO
Jenö Sárközy
David Yat Wei Pond
Marta Martinez Serrano Pucci

ESTABLISHED/FUNDAÇÃO/FUNDACIÓN
1969

CLIENTES/CLIENTES/CLIENTES
Spali, Makro Atacadista, Distillerie Stock do
Brasil, Siol Alimentos, COOP Cooperativa de
Consumo, Instituto Butantan, Viandier Casa
de Gastronomia, Ober, Brasilfer, Loràl
Radicchio, Virmont, Braswey, Theoto,
Santa Casa de São Paulo.

WORKS FIELDS/ÁREAS DE ATUAÇÃO/
CAMPOS DEL FUNCIONAMENTO

Packaging Design	Design de Embalagens	Diseño de Envase
Graphic Design	Design Gráfico	Diseño Gráfico

INDESIGN
design de embalagem | programação visual

INDESIGN cuenta con experiencia al largo de los años del su activad profesional, desarollando proyetos de **Design Estrategico**, ayudando en la creación de packaging y envases, imagen corporativa, sinalización y impressos en general.

INDESIGN is proud of its experience acquiried over the years, developing projects of **Strategic Design**, working on the creation of packages, corporatives identities, signs and all kind of printings.

DE SIGN

A **INDESIGN** se orgulha da experiência adquirida ao longo dos anos, desenvolvendo projetos de **Design Estratégico**, atuando na criação de embalagens, identidades corporativas, sinalização e impressos em geral.

J.Madsen
Comunicação e Design

ADDRESS/ENDEREÇO/DIRECCIÓN
Rua Padre Elias Gorayeb, 15/703
20520-140 – Rio de Janeiro – RJ
Brazil
Fone   55-21-2572-8922
Fax   55-21-2278-1550
e-mail   projetos@jmadsen.com.br
Site   www.jmadsen.com.br

CONTACT/CONTATO/CONTACTO
Jaci Madsen
Ana Carolina Cardinali
Ranieri Figueiredo

ESTABLISHED/FUNDAÇÃO/FUNDACIÓN
1999

CLIENTS/CLIENTES/CLIENTES
Petrobras, Petrobras Distribuidora,
Transpetro, Hotéis InterContinental
(IHG Brasil), Coca-Cola, Kibon e Nestlé.

WORK FIELDS/ÁREAS DE ATUAÇÃO/
CAMPOS DE ACTIVIDAD

P.O.P. Design	Design Promocional	Diseño Promocional
Graphic Design	Design Gráfico	Diseño Gráfico
Branding	Branding	Branding

Our mission is to develop solutions in communication and design suitable to specific needs of each customer, each project and each target. We are known for our commitment to excellence, creativity and ethics.

Nossa missão é desenvolver soluções
de comunicação e design adequadas às
necessidades específicas de cada cliente,
de cada projeto, de cada público a ser
atingido. Somos reconhecidos por nosso
compromisso com superação constante,
excelência, criatividade e ética.

Nuestra misión es desarrollar soluciones
de comunicación y diseño adecuadas
a las necesidades específicas de
cada cliente, de cada proyecto, de
cada público a ser atendido. Somos
reconocidos por nuestro compromiso
con superación constante, excelercia,
creatividad y ética.

Lumen

ADDRESS/ENDEREÇO/DIRECCIÓN
Rua Domingos Nascimento, 521
CEP 80520-200 Curitiba Paraná Brazil
55 41 3338-9006
Lumen@lumendesign.com.br

CONTACT/CONTATO/CONTACTO
Guido Lautert Dezordi
Karine Mitsue Kawamura
Silvio Silva Junior

ESTABLISHED/FUNDAÇÃO/FUNDACIÓN
1988

CLIENTS/CLIENTES/CLIENTES
Positivo, Avon, Nazca, O Boticário, Brunella,
Black Coffe, Vicolo Nostro, Tecsis, Embraer,
Kraft Foods, Instituto PELÉ / Pequeno
Príncipe, Tafisa, Masisa, Prefeitura de Curitiba

WORK FIELDS/ÁREAS DE ATUAÇÃO/
CAMPOS DEL ACTIVIDAD

Store Design	Ambiente de Varejo	Diseño de Tienda
Industrial Design	Design de Produtos	Diseño de productos
Packaging	Design de Embalagens	Diseño de Embalage
Graphic Design	Design Gráfico	Diseño Gráfico

AWARD/PRÊMIOS/PREMIOS
IF Award 2007 - Germany

WSA 2006- world Summit Award
UN - Tunis Tunísia

'96, '98, 2000, 2002, 2004 e 2006
Brazilian Design Biennial
ADG- Sao Paulo Brazil

'96 ITO
Fernanda Montenegro Poster
Ösnabruck Germany

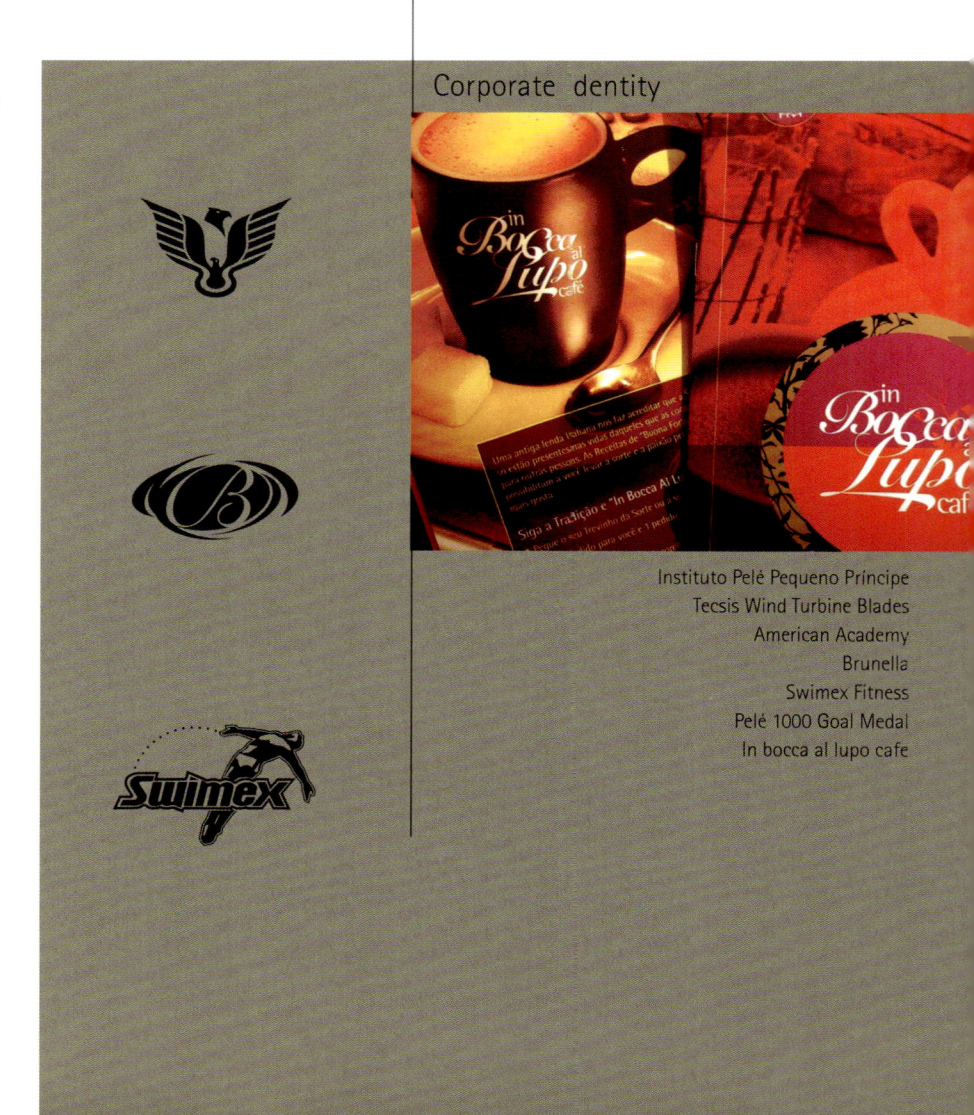

Corporate dentity

Instituto Pelé Pequeno Príncipe
Tecsis Wind Turbine Blades
American Academy
Brunella
Swimex Fitness
Pelé 1000 Goal Medal
In bocca al lupo cafe

Product Design | Packaging

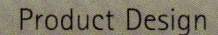

World Summit Award - UN 2006

IF design Award 2007

Positivo PC
E-blocks Positivo
Speaker Positivo
Shiva Table
Nativa SPA O Boticário
English Plus Positivo
Euroset Siemens

Our main goal is to build strong branding, providing each client with close assistance in managing their corporate image or emphasizing project values that enhance brand coherence and significance to their target public.
Providing them with memorable experiences requires much more than market research and marketing techniques, where mere formulas do not suffice. Rather, it takes strategy and talent, logic and magic, good ideas and impeccable implementation. It takes Design.

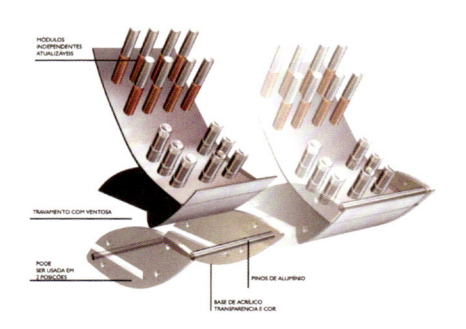

Signs, displays, exhibits

Editorial Design

Display O Boticário
Brunella
Mercure Hotel
Estação Natureza Exhibit
Aurélio Dictionary
Aves do Pantanal
Romero Britto

A construção de marcas fortes é nosso objetivo maior, assessorando diretamente cada cliente na gestão de sua imagem ou destacando em cada projeto os valores que tornem sua marca cada vez mais coerente e significativa aos olhos de seus públicos. Para oferecer experiências memcráveis, pesquisas de mercado e técnicas de marketing não bastam, muito além de fórmulas, é preciso preciso estratégia e talento, lógica e mágica, boas idéias e imp antação impecável. É preciso Design.

Nuestro mayor objetivo es la construcción y realización de marcas que tienen una fuerte y exitosa personalidad. Brindamos asesoría a nuestros clientes en la administración y gerencia de su imagen y resaltamos en cada proyecto los valores que hacen que su marca sea cada vez más coherente y significativa a los ojos del público que la solicita y requieren. Para ofrecer experiencias memorables, no basta con técnicas de marketing y encuestas de mercado, más allá de las fórmulas es necesario tener estrategia y talento, lógica y magia, buenas ideas e implantación impecable. Es necesario el diseño .

LUMEN

Promotional Design | Web design . Corporate presentations

Daruma TIM

Pequeno Principe Hospital

Spvs

Embraer
Project developed in collaboration
with Lincoln Seragini

Vicolo Nostro

Avon

Hsbc-Glt

In Bocca al Lupo

Objeto Brasil

ADDRESS/ENDEREÇO/DIRECCIÓN

Rua Joaquim Antunes, 629
05415-010 - São Paulo – SP
Brazil
Fone   55 11 3891-0000
Fax   55 11 3891-0000 ext.29
e-mail   associacao@objetobrasil.com.br
Site   www.objetobrasil.com.br

ESTABLISHED/FUNDAÇÃO/FUNDACIÓN
1996

CLIENTS/CLIENTES/CLIENTES
ABTG, FIESP, IBGM, PETROBRÁS, SEBRAE,
UNESCO, Imprensa Oficial do Estado de São
Paulo, MBC - Movimento Brasil Competitivo,
Ministério das Relações Exteriores.

WORK FIELDS/ÁREAS DE ATUAÇÃO/
CAMPOS DE ACTIVIDAD

Curatorship and Organization of Exhibits
Curadoria e Organização de Exposições
Curadoria e Organizacción de Exposiciones

Editing of Books on Design
Edição de Livros de Design
Edición de Libros de Diseño

Organization of Seminars on Design
and Innovation
Seminários de Design e Inovação
Seminarios de Diseño e Inovación

Organization/Coordination of Events and
Awards
Organização/Coordenação de Eventos e
Prêmios
Organización/Cordenación de Eventos e
Premios

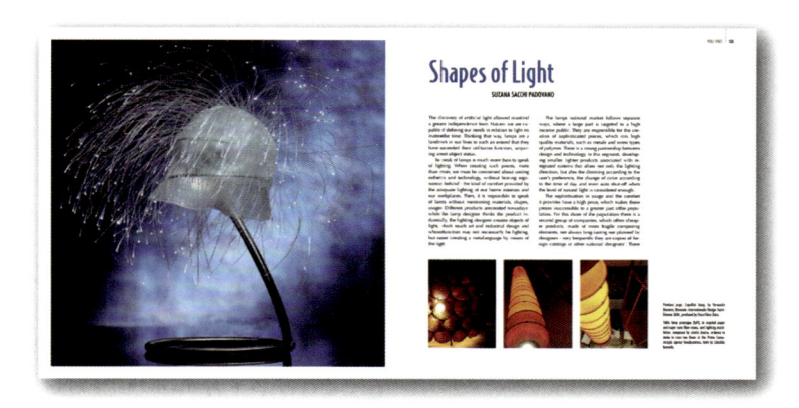

endorsed by iDSA

Founded in 1996, Objeto Brasil is a center of promotion and administration in Design. Joice Joppert Leal works with Design and innovation for decades and is the idealizer of this non-governmental organization, which has works accomplished in USA, Japan, Italy and many others places. In 2006, an important exposition – *I Bienal Brasileira de Design* – showed Brazilian Design history since the Indians arts and crafts until the modern cars and eletrodomestics. The organization's President of Honour is José Minclin, business man and bibliophile, it also counts with other renowned Brazilian business men, such as Ricardo Semler and Edson Vaz Musa.

Brazil's trajectory in Design is retracted in the book edited by the organization, *A Glimpse of Brazilian Design*. The great icons are portrayed in the book, through the country's history and evolution: since the first designers (originally architects), the arts and crafts until the modern production, Ecodesign, Design and marketing, and the influence in culture and society.

The newest enterprise by Objeto Brasil is the agreement with IDSA - Industrial Designers Society of America for the exclusive promotion of the Brazilian edition of IDEA - International Design Excellence Award. The award is going to be called IDEA/Brasil, and will award the best products made in the country in 18 different categories. A selection of the most outstanding products will automatically run in the American competition and after the results in US, an exposition of these products will take place during IDSA's annual conference in Phoenix, Arizona.

On Art Design

ADDRESS/ENDEREÇO/DIRECCIÓN
Rua Professor João Arruda, 198 B
05012-000 São Paulo – SP
Brazil
Fone   55-11-3873-4094
Fax   55-11-3875-6021
e-mail   onart@onart.com.br
Site   www.onart.com.br

CONTACT/CONTATO/CONTACTO
Nelson Graubart
Fernando Graubart

ESTABLISHED/FUNDAÇÃO/FUNDACIÓN
1983

CLIENTS/CLIENTES/CLIENTES
Banco Itaú, Itaú Seguros, Grupo Abril,
Porto Seguro Seguros, Colégio Palmares,
Ability Trade Marketing, Hospital
Santa Catarina, Acesita.

WORK FIELDS/ÁREAS DE ATUAÇÃO/ CAMPOS DE ACTIVIDAD

Corporate Identity	Identidade Corporativa	Identidad Corporativa
Signage Design	Projetos de Sinalização	Proyectos de Señalización
Packaging	Embalagens	Embalajes
Editorial	Publicações	Editoriales

AWARD/PRÊMIOS/PREMIOS
Galo de Bronze
3ª Mostra de Design e Artes Gráficas
da América Latina - 2007

Questto Design

ADDRESS/ENDEREÇO/DIRECCIÓN
Rua Cotoxó, 303, cj.38
05021-000 - São Paulo - SP
Brazil
Fone   55-11-3875-5552
e-mail   design@questtodesign.com.br
Site   www.questtodesign.com.br

CONTACT/CONTATO/CONTACTO
Levi Girardi

ESTABLISHED/FUNDAÇÃO/FUNDACIÓN
1993

CLIENTS/CLIENTES/CLIENTES
Intermed, Rodas Scorro, TEB, Solectron,
Unisys, Gertec, IBM, Bradesco, Senac,
Sense, BSH Continental, TAC Tecnologia
Automotiva Catarinense, Crown, Digimed
EBF Capacetes, Ultronic

WORK FIELDS/ÁREAS DE ATUAÇÃO/ CAMPOS DE ACTIVIDAD

Industrial Design	Design de Produto	Diseño de Productos
Automotive Design	Design Automotivo	Diseño de Coches
Graphic Design	Design Gráfico	Diseño Gráfico

AWARD/PRÊMIOS/PREMIOS
iF Design Award, Via Design, Prêmio CNI,
Prêmio Design Museu da Casa Brasileira,
Brasil Faz Design, Design Execellence Brazil,
Prêmio Abiplast

QUESTTO dsg

Planejamento	Planeamiento	Planning
Viabilidade	Viabilidad	Feasibility
Estilo	Estilo	Styling
Projeto 3D	Proyecto 3D	CAD 3D
Mockups	Modelos	Mockups
Protótipos	Prototipos	Prototypes
Validação	Validación	Validation

Stark 4WD Flex | Design by Questto

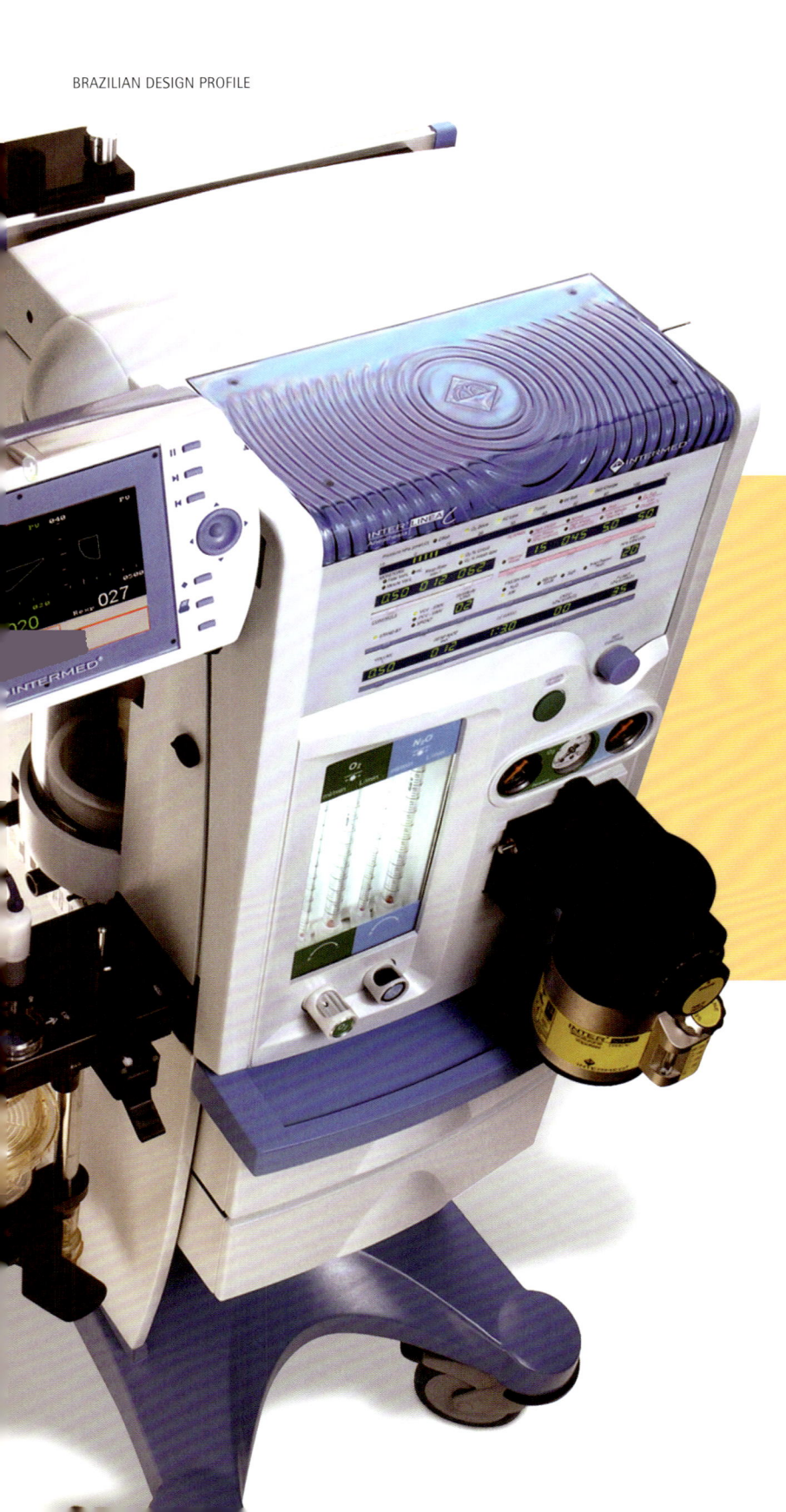

QUESTTO dsg

**Design Estratégico
Desenvolvimento de Produto
Viabilização Técnica**

**Diseño Estratégico
Desarrollo del Producto
Viabilidad Técnica**

**Strategic Design
Product Development
Technical Feasibility**

◁ Intermed - Interlinea C
Equpamento para Anestesia
Equipos para Anestesía
Equipment for Anesthesia

Ultronic - Ultra-Alivio ◳
Nebulizador
Nebulizador
Nebulizer

▷
Scorro S-171
Roda de liga
Llanta de alienación
Alloy wheels

Rio 21 Design

ADDRESS/ENDEREÇO/DIRECCIÓN

Av. Ataulfo de Paiva, 386/705
22440-030 Leblon
Rio de Janeiro, RJ
Brasil
Fone 55-21-2294-5053
Fax   55-21-2294-5053
e-mail contato@rio21design.com.br
Site www.rio21design.com.br

CONTACT/CONTATO/CONTACTO

Celso M. Santos
Christian Albanese

ESTABLISHED/FUNDAÇÃO/FUNDACIÓN

1994

CLIENTS/CLIENTES/CLIENTES

WS, Spirit e Marcas Próprias

WORK FIELDS/ÁREAS DE ATUAÇÃO/ CAMPOS DE ACTIVIDAD

Product Design	Design de Produtos	Diseño de Productos
Sports and Leisure	Esportes e Lazer	Deportes e Recreación
Domestic and Electric Appliances	Utilidades Domésticas e Eletrodomésticos	Utensilios Domésticos y Eletrodomésticos
Lighting	Luminárias	Iluminación
Furniture	Móveis	Mobiliario

FOUNDATION/FUNDAÇÃO/FUNDACCIÓN

1994

AWARD/PRÊMIOS/PREMIOS

Aliseu Ceiling Fan
   IF Product Design Award 1994
   Best of Category - NCS Design Rio

Guarda-Sol Spirit
. Prêmio Rio Faz Design 2006
. Red Dot Award 2006 – Freizeit, Sport
  Wellness und Caravaning
. IF Product Design Award 2006
  Leisure/Lifestyle

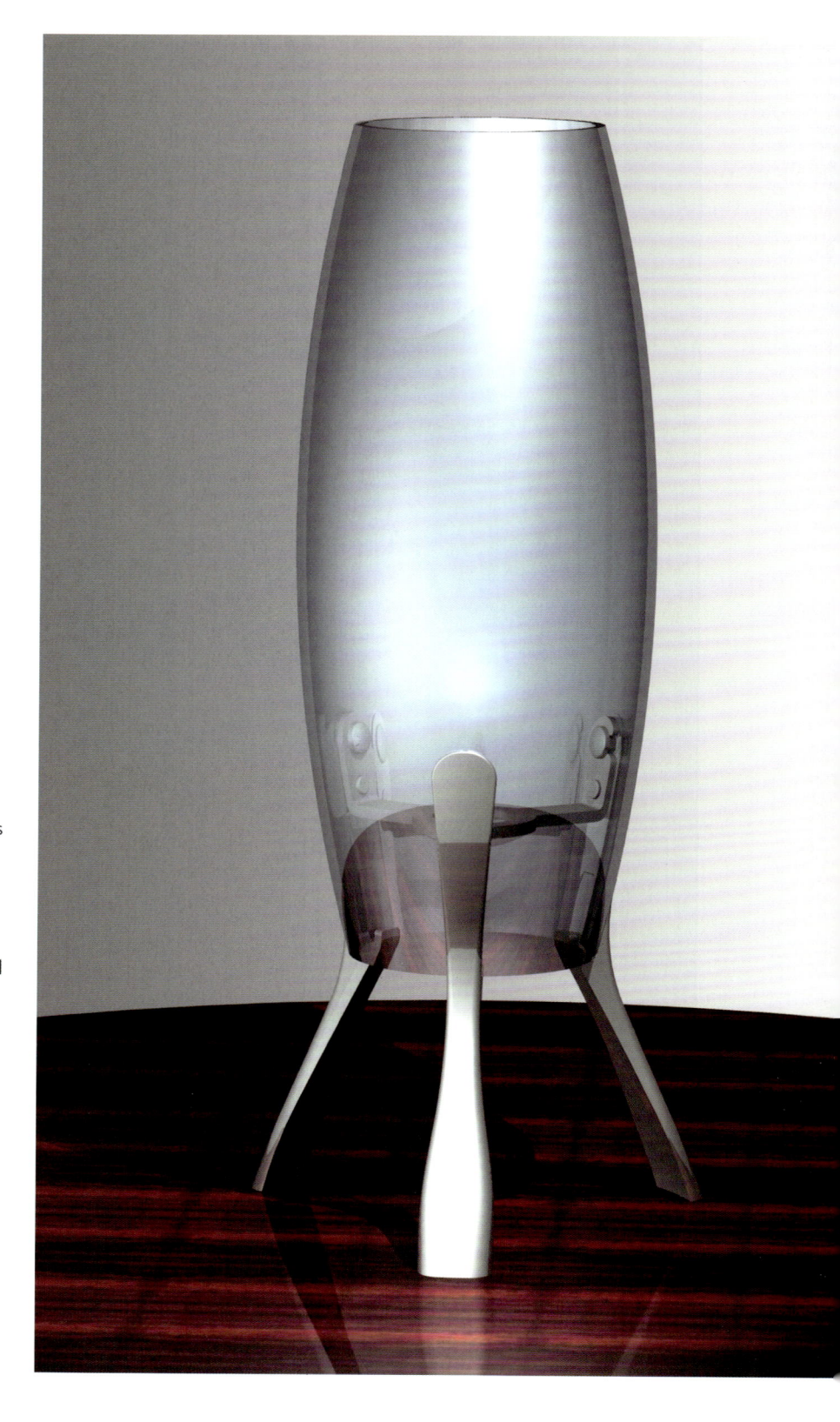

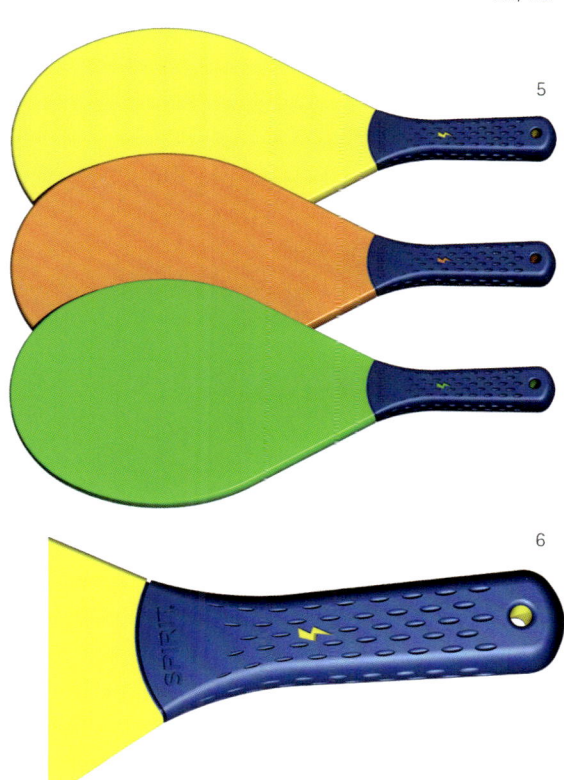

Nossa maior motivação é descobrir oportunidades de mercado e desenvolver produtos inovadores que encantem os consumidores com seu design e a atenção dada a cada detalhe.

Desenvolvemos produtos desde o conceito, passando por seu detalhamento, fabricação de ferramental, até sua colocação no mercado. Contamos com investidores para financiar os projetos e participar de seu resultado comercial.

Our main motivation is to discover market opportunities, and then design products that create delight and enchantment among consumers, due to the attention given to every detail.

We develop products from concept to production and count on investors to finance the hole operation and profit with us from the results.

1. Luminária RJ21 - Vidro e peças injetadas em PC
1. RJ21 Lighting   - Glass with PC injection moulded parts

2.3.4 Guarda-Sol Spirit - Dotado de sistema inovador para fixação ao solo, estrutura leve em fibra de vidro e revestimento em nylon com proteção contra raios UV.
2.3.4 Spirit Beach Umbrella - Has an helicoidal tip that is easily inserted in the sand, and a light structure produced of fiberglass, covered by an anti UV nylon canvas.

5/6 Raquete de frescobol Spirit - Injetada em PP e sobre-injetada em borracha termoplástica
5/6 Spirit Beach Racquet - Injection moulded in PP with a thermoplastic rubber over-injected grip.

Sansei Arquitetura e Projetos

ADDRESS/ENDEREÇO/DIRECCIÓN
Rua Capitão Otávio Machado, 525
04718-000 - São Paulo – SP
Brazil
Fone/Fax 55-11-5184-0993
Site   www.sanseiprojetos.com.br

CONTACT/CONTATO/CONTACTO
Paulo Ferrara

ESTABLISHED/FUNDAÇÃO/FUNDACIÓN
1995

CLIENTS/CLIENTES/CLIENTES
Ação Informatica, Alcoa Alumínio -
Divisão Rodas, Centro Universitário Belas
Artes de São Paulo, Fundação Kellogg,
Getronics, Hyperion, IBM - Internet
Security Systems, Lafer Indústria e
Comércio, McAfee do Brasil, Novell do
Brasil Software, NovoDisc, Olivetti,
PlugUse, SGI Silicon Graphics, Singulus,
Telsinc Informática, What'sUP
Entretenimento.

**WORK FIELDS/ÁREAS DE ATUAÇÃO/
CAMPOS DE ACTIVIDAD**

Branding	Branding	Branding
Interactive Design	Design Interativo	Diseño Interactivo

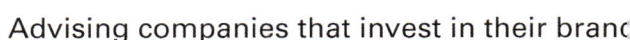

Advising companies that invest in their brand

urbanabr

Arquitetura e Urbanismo

A Sansei é uma empresa especializada em criar soluções na área de identidade visual corporativa. Com uma filosofia baseada no conceito de total design, nossos arquitetos, designers e parceiros estratégicos agregam valor aos produtos e serviços dos clientes que irão, assim, refletir sua personalidade visual.

Nosso objetivo é assessorar clientes na gestão da imagem corporativa e assegurar a coerência em todas as suas manifestações visuais.

Por meio de um efetivo relacionamento com clientes e fornecedores, administrando a produção dos materiais necessários, a Sansei desenvolve soluções coerentes e consistentes ao longo do tempo e consolida a imagem dos produtos e das empresas atendidas.

Assessorando empresas que investem em suas Marcas

Sansei is a specialized company in create solutions in the fields of corporative visual identity. With a philosophy based on the total concept design, our architects, designers and strategical partners adds value to the costumer's products and services that will reflect its graphic Identity.

Our aim is to assist customers in the management of corporative image and to assure the coherence in its all visual manifestations.

By means of an effective relationship with customers and suppliers, managing production of the appropriated materials, Sansei develops coherent solutions and consistent throughout the time and consolidates the image of the products and the companies.

Segmento Com & Design

ADDRESS/ENDEREÇO/DIRECCIÓN
Praça Gastão Cruls, 26
05451-150 – São Paulo – SP
Brazil
Fone   55-11-3021-4566
Fax   55-11-3021-5165
e-mail   segmento@segcom.com.br
Site   www.segcom.com.br

CONTACT/CONTATO/CONTACTO
Roberto Fleury
Roseli E Victorino

ESTABLISHED/FUNDAÇÃO/FUNDACIÓN
1986

CLIENTS/CLIENTES/CLIENTES

Agroceres, Ajinomoto, Aurora, Dr Oetker,
Editora Abril, Epson, Inaceres, LG Eletronics,
Nissin, Philips, Reckitt Benckiser, Support

**WORK FIELDS/ÁREAS DE ATUAÇÃO/
CAMPOS DE ACTIVIDAD**

Branding	Branding	Branding
Packaging	Design de embalagens	Diseño de Producto
Graphic Design	Design Gráfico	Diseño Gráfico

segmento
comunicação & design

Speranzini Design

ADDRESS/ENDEREÇO/DIRECCIÓN
Rua São Benedito, 1867
04735-004 – São Paulo – SP
Brazil
Fone   55-11-5685-8555
Fax   55-11-5685-8555
e-mail   speranzini@speranzini.com.br
Site   www.speranzini.com.br

CONTACT/CONTATO/CONTACTO
Maurício Speranzini
Inah Olyntho

ESTABLISHED/FUNAÇÃO/FUNDACIÓN
1987

CLIENTS/CLIENTES/CLIENTES
1800, Aurora, Da Fruta, Jose Cuervo, Mili,
Só Soja, Ultrapan, Unilever.

WORK FIELDS/ÁREAS DE ATUAÇÃO/
CAMPOS DE ACTIVIDAD

Branding	Branding	Branding
Store Design	Ambiente de varejo	Diseño de Tienda
Graphic Design	Design Gráfico	Diseño Gráfico
Packaging	Design de embalagens	Diseño de Producto
Web Design	Web Design	Web Design

Develops projects for the creation of packing, point of purchase, promotion and internet since 1987. Work for the balance between a captivating project with strategy, results, structural solution, fulfillment of stated periods and budgets. The professionals are qualified and experienced to add value to the brand and to make winning projects abroad. Design. Strategy. Speranzini.

Desenvolve projetos para criação de embalagem, ponto de venda, promoção e internet desde 1987. Trabalha pelo equilíbrio entre um projeto cativante com estratégia, resultados, solução estrutural, cumprimento de prazos e orçamentos. Profissionais qualificados e experientes agregam valor à marca para transformar projetos vencedores no Brasil e exterior. Design. Estratégia. Speranzini.

Desarrolla proyectos para creación de embalajes, puntos de venta, promoción e Internet desde 1987. Trabaja para obtener el equilibrio entre un proyecto cautivante, estrategia, resultados, solución estructural, cumplimiento de plazos y presupuestos. Profesionales calificados y experimentados agregan valor a la marca para realizar proyectos vencedores en Brasil y en el exterior. Diseño. Estrategia. Speranzini.

Superbacana Design

ADDRESS/ENDEREÇO/DIRECCÍON
Avenida Brigadeiro Faria Lima, 2012 6º andar
01451-000 - São Paulo - SP
Brazil
Fone   55-11-3815-8429
Fax   55-11-3817-4742
e-mail superbacana@superbacanadesign.com.br
Site   www.superbacanadesign.com.br

CONTACT/CONTATO/CONTACTO
Vivian de Cerqueira Leite

ESTABLISHED/FUNDAÇÃO/FUNDACIÓN
2001

CLIENTS/CLIENTES/CLIENTES
Almap BBDO, Alpargatas, Editora Abril,
H. Stern, Shopping Iguatemi, Visa

WORK FIELDS/ÁREAS DE ATUAÇÃO/
CAMPOS DE ACTIVIDAD

Grafic Design	Design Gráfico	Diseño Gráfico
Industrial Design	Design de Produtos	Diseño de Productos
Packaging	Design de Embalagens	Diseño de Envases

AWARD/PRÊMIOS/PREMIOS
5˚ Prêmio Max Feffer de Design Gráfico, 2º
Lugar - Categoria Promocional - Ação de
Relacionamento Dia Internacional da
Mulher.

•••• **superbacana**

Relationship marketing item for International Women's Day made by Superbacana Design for the advertising agency Almap/BBDO. The gift consists of a small paper box with four small pure silk pouches with silk-screen print, suitable for organizing those loose objects always found in a woman's purse.

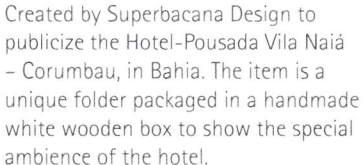

Created by Superbacana Design to
publicize the Hotel-Pousada Vila Naiá
– Corumbau, in Bahia. The item is a
unique folder packaged in a handmade
white wooden box to show the special
ambience of the hotel.

Special edition of Havaianas
rubber beach thongs developed
by Superbacana Design and sold
exclusively at the museum's store.
The novelty of the product was in
the printing of the MAM (Modern
Art Museum) logo on the thong's
footbed, instead of the original
pattern.
This was the first cultural item
developed by Havaianas and
the thongs were donated to the
museum.

Escolas e empresas
que apoiam o design

Academia and companies
that support design

Escuelas y empresas
que aposan el diseño

Belas Artes
Braskem
Editora Blucher
Informov
Museu da Casa Brasileira

Belas Artes

Centro Universitário Belas Artes de São Paulo

ADDRESS/ENDEREÇO/DIRECCIÓN

Rua José Antônio Coelho, 879
04011-062 – São Paulo – SP
Brazil
Fone   55-11-5576-5844
e-mail   info@belasartes.br
Site   www.belasartes.br

CONTACT/CONTATO/CONTACTO

Auresnede Pires Stephan
Jethero Cardoso de Miranda
Nilzeth Neres Gusmão
Sérgio Oliveira Casa Nova

ESTABLISHED/FUNDAÇÃO/FUNDACIÓN

1925

WORK FIELDS / ÁREAS DEATUAÇÃO / CAMPOS DE ACTIVIDAD

Design Gráfico
Graphic Design
Diseño Gráfico

Design de Interiores
Interior Design
Diseño Interior

Design de Moda
Fashion Design
Diseño de Moda

Design de Produto
Product Design
Diseño de Producto

Prêmio ABIPLAST 2007
Menção Honrosa
Cozinha Móvel Gourmet

CELEBRATIO

Emmanuel Melo
Kátia Nakamoto

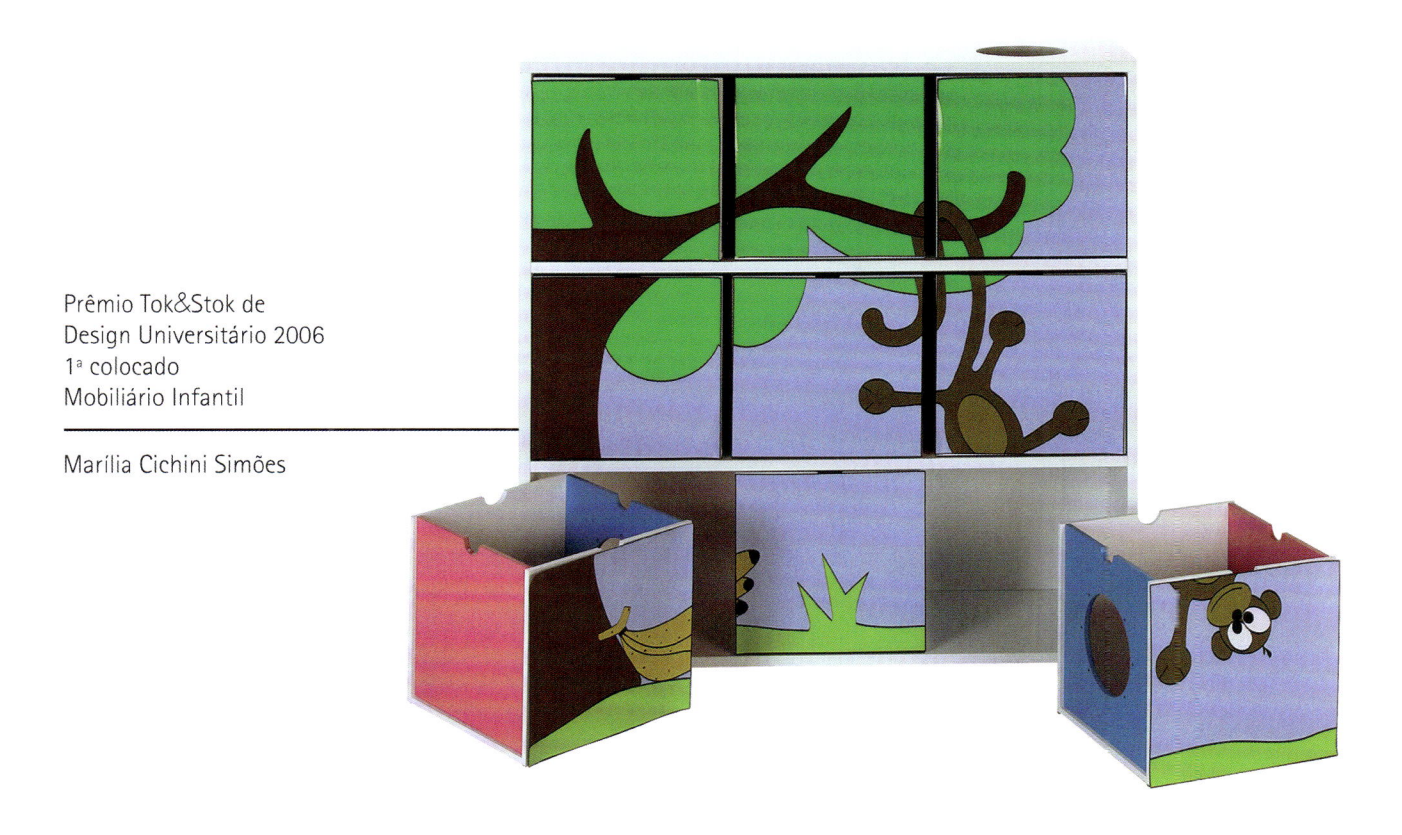

Prêmio Tok&Stok de
Design Universitário 2006
1ª colocado
Mobiliário Infantil

Marília Cichini Simões

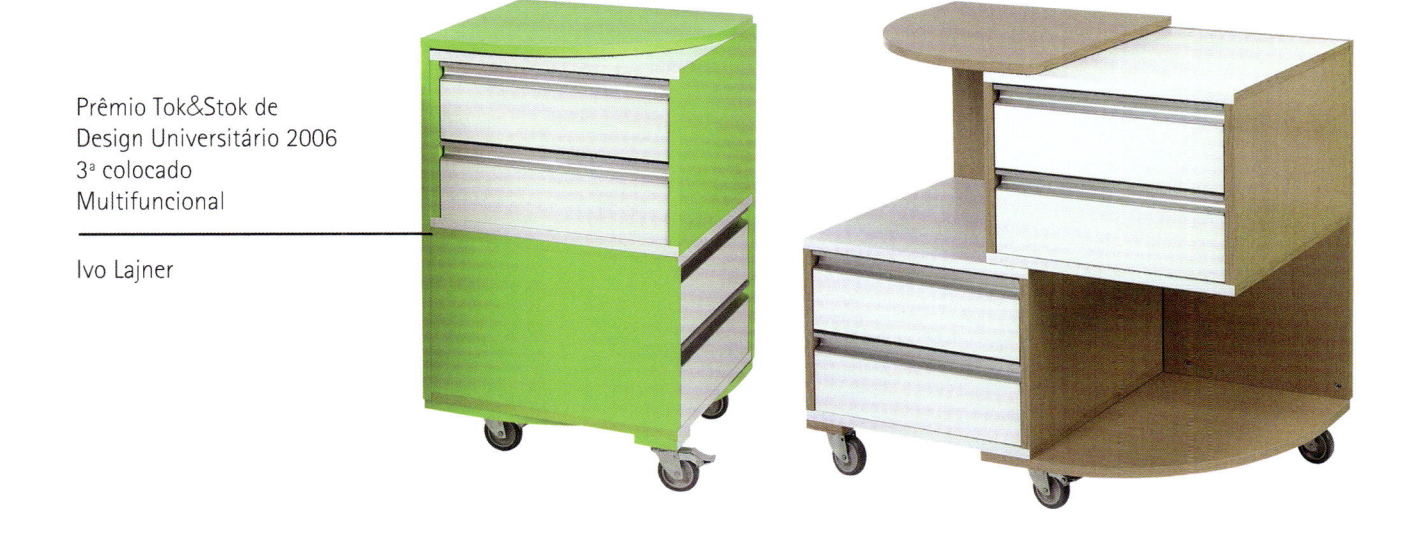

Prêmio Tok&Stok de
Design Universitário 2006
3ª colocado
Multifuncional

Ivo Lajner

Braskem S.A.

ADDRESS/ENDEREÇO/DIRECCIÓN
Av. Das Nações Unidas, 4.777 – 2. andar
05477-000
São Paulo/SP
Brasil
Tel. +5511 3576.9000
www.braskem.com.br
braskem@braskem.com.br

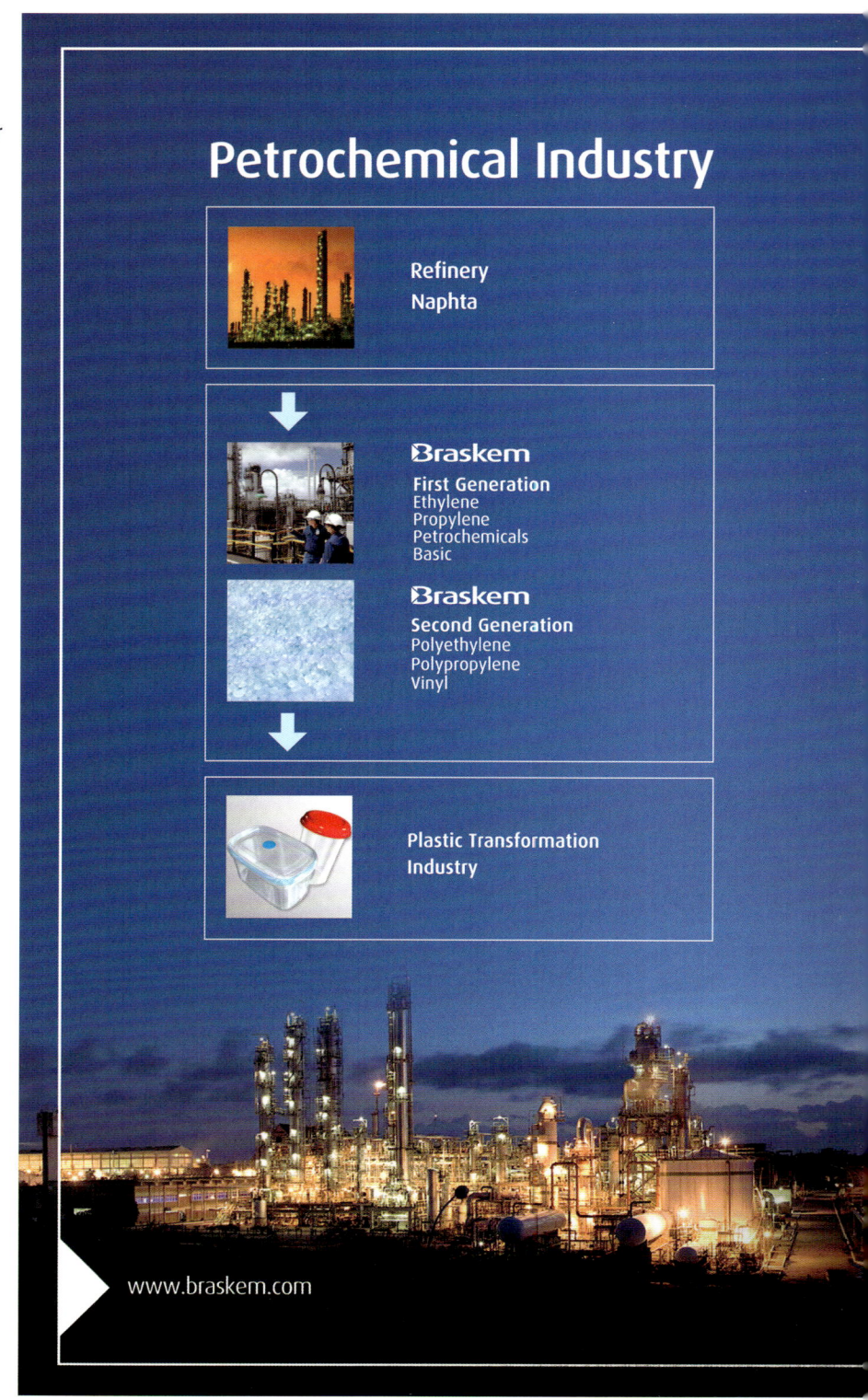

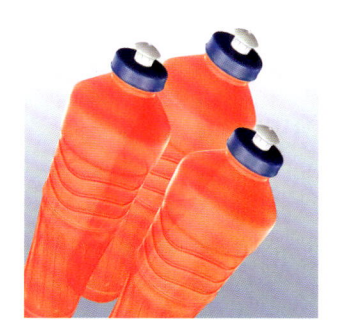

Packaging

Braskem has a complete portfolio of resins for manufacturing rigid, flexible and industrial packaging, providing protection, resistance and preservation of the products' original properties. Investments in technology allow the development of new concepts and solutions in design.

Technological autonomy

Braskem's Technology and Innovation Center is the most modern and best equipped of its kind in Latin America with facilities located in Triunfo (RS), Camaçari (BA) and in São Paulo (SP). With annual investments of around R$ 50 million, it has assets that excced R$ 330 million and it counts on more than 180 specialized reserachers. It also has 22 laboratories and 9 pilot-plants to develop processes and new resins.

Social Responsability

Braskem's sustainability strategy foforesees a permanent investment in programs that contribute to community development and an improvement in the quality of life of populations neighboring industrial units.

Editora Blucher

ADDRESS/ENDEREÇO/DIRECCIÓN
Rua Pedroso Alvarenga, 1245 4º andar
04531-012 - São Paulo - SP
Brazil
Fone   55-11-3078-5366
Fax   55-11-3072-2707
e-mail   editora@blucher.com.br
Site   www.blucher.com.br

CONTACT/CONTATO/CONTACTO
Eduardo Blucher

ESTABLISHED/FUNDAÇÃO/FUNDACIÓN
1957

CLIENTS/CLIENTES/CLIENTES
ABEDESIGN - Associação Brasileira de
Empresas de Design, APEX - Agência de
Promoção de Exportações e Investimentos,
Braskem, Terphane, Amanco, Bosch,
CVRD - Companhia Vale do Rio Doce,
Petrobras, Villares Metais, ABE - Associação
Brasileira de Estatística, ABINT - Associação
Brasileira de Não-Tecidos e Tecidos Técnicos,
ABRAFATI - Associação Brasileira dos
Fabricantes de Tintas, Rhodia.

WORK FIELDS/ÁREAS DE ATUAÇÃO/ CAMPOS DE ACTIVIDAD

Book Publishing	Publicação de Livros	Publicación de Libros
Journal Publishing	Publicação de Artigos	Publicación de Artigos
Thesis Publishing	Publicação de Teses	Publicación de Tesis

AWARD/PRÊMIOS/PREMIOS
13 Prêmios Jabuti da Câmara Brasileira
do Livro

EDITORA BLUCHER
50 anos

RHODIA

VALE

TERPHANE

AMANCO

Blucher
A editora da indústria brasileira

Mais que produtos a indústria brasileira gera conhecimento,
resultado de pesquisas de desenvolvimento e de novas
tecnologias.
A Editora Blucher com 50 anos de reconhecida atuação
no mercado editorial tornou-se parceira dos mais diversos
segmentos industriais na divulgação do conhecimento técnico-
científico com a publicação de mais de 1.000 livros de autores
nacionais e internacionais.

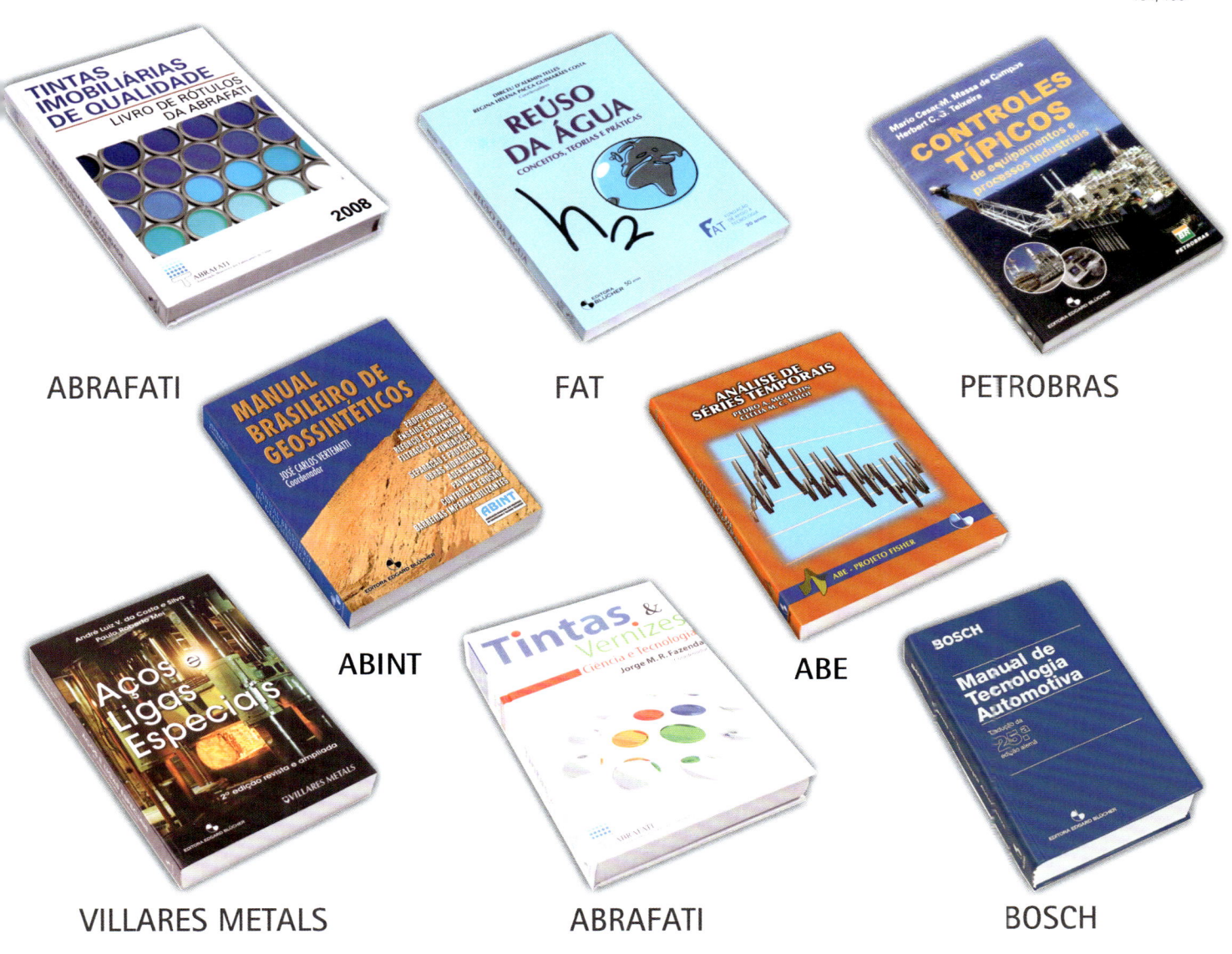

ABRAFATI

FAT

PETROBRAS

ABINT

ABE

VILLARES METALS

ABRAFATI

BOSCH

Blucher
The publishing house of the brazilian industry

Brazilian industry creates more than products. It creates knowledge, new technologies, and developing-research results. The Blucher Publishing house, more than 50 years in the publishing market, has recognized performance, becoming a loyal partner of the industrialized sectors in publishing technological-science knowledge. It contains more than one thousand nationally and internationally well-known books and writers.

Blucher
La editora de la industria brasileña

Más que productos la industria brasileña proporciona conocimiento, que vienen de pesquisas de desarrollo y de nuevas tecnologías.
La Editora Blucher con 50 años de reconocida actuación en el mercado editorial se quedó compañera de los más distintos segmentos industriales en la divulgación del conocimiento técnico científico con la publicación de más de 1.000 libros nacionales e internacionales.

Informov

ADDRESS/ENDEREÇO/DIRECCIÓN

Rua São Tomé, 86, 8º Andar
04551-080 – São Paulo – SP
Brazil
Fone   55-11-3847-0220
e-mail   marcelo@informov.com.br
Site   www.blucher.com.br

CONTACT/CONTATO/CONTACTO

Marcelo Breda

ESTABLISHED/FUNDAÇÃO/FUNDACIÓN

1991

CLIENTS/CLIENTES/CLIENTES

AacNielsen, Cosipa, Ecovias, Eurfarma,
Europ Assistance, HP, Huawey, Lemon
Bank, Obebrecht, Pernambucanas, Pilot,
Pioneer, PQU, Riachuelo, Sankyu S.A.,
Santander, Savoy, Sercom S.A., Tim, Toyota,
UniHealth, Valeo, White Martins.

WORK FIELDS/ÁREAS DE ATUAÇÃO/ CAMPOS DE ACTIVIDAD

Corporate   Arquitetura
Architecture   Corporativa

A Informov é especializada em arquitetura corporativa e oferece serviços integrados de planejamento, projeto e execução de escritórios, desde o conceito até a entrega das chaves.

A equipe de profissionais engloba experientes arquitetos, engenheiros e designers gráficos que trabalham em sintonia durante todas as etapas, sempre respeitando os princípios de ergonomia do trabalho. Planejam e desenvolvem projetos atendendo as necessidades do cliente, mantendo sempre o diálogo para atingir as decisões mais coerentes.

Nós acreditamos que o bom planejamento do ambiente aumenta a produtividade e melhora o fluxo do trabalho. Este é o segredo para minimizar gastos com manutenção, através da infra-estrutura mais adequada e da melhor imagem corporativa.

Nosso maior compromisso é preservar a imagem e a cultura de cada empresa, através de suas necessidades específicas, para atingir o melhor e mais duradouro conceito em Design.

Informov is focused on corporate architecture as its core business. Our purpose is to offer integrated services that come from office planning and project management trough a full turnkey solution.

A wide staff composed by qualified architects, engineers and graph designers is fully prepared to understand client's needs and briefings, considering ergonomic rules, trough an open talk, in search for better results.

We believe that the certain decision in workspace planning enhances productivity and improve work-flow. This is the secret to manage lower maintenance budget and accurate facilities management in order to assure a stronger corporate image.

Our higher commitment is to understand each company's beliefs and specific needs to achieve the best, unique and lasting design.

Informov
ENGENHARIA + ARQUITETURA

Museu da Casa Brasileira

ADDRESS/ ENDEREÇO/ DIRECCIÓN
Av. Faria Lima, 2705
01451-000 - São Paulo - SP
Brazil
Fone   55 - 11 - 3032 3727
Fax   55 - 11 - 3032 2564
e-mail: premiodesignmcb@terra.com.br
site: www.mcb.sp.gov.br

CONTACT/ CONTATO/ CONTACTO
Direção do MCB
Miriam Ierner
Giancarlo Latorraca
Coordenação do Prêmio Design
Julieta Pereira
Fernanda Grisolia

ESTABLISHED/ FUNDAÇÃO/ FUNDACIÓN
MCB - 1970
Prêmio Design - 1986

CLIENTS/ CLIENTES/ CLIENTES
Brazilian designers
Designers brasileiros
Diseñadores Brasileros

WORK FIELDS/ ÁREAS DE ATUAÇÃO/ CAMPOS DE ACTIVIDAD
Industrial Design
Desenho Industrial
Diseño del producto

A
cic
19
er
su
qu
br
a
M

La impor
ciudadar
en 1986
época er
incentiva
que desc
consumi
una tray
segment
Casa Bra

SECRETARIA DE ESTADO DA CULTURA

GOVERNO DO ESTADO DE
SÃO PAULO
TRABALHANDO POR VOCÊ

a do design para a economia e para o bem-estar do
e o princípio norteou o Prêmio Design MCB. Criada em
ge da Cunha Lima e Roberto Duailibi, durante uma época
ign era pouco conhecido no Brasil, a premiação incentiva
ação e compreensão. Competição nacional que descobre o
o pensado, produzido, e o que será consumido no mercado
radicional Prêmio tem uma trajetória que se confunde com
ória do segmento no país e é realizado anualmente pelo
sa Brasileira, especializado em design e arquitetura.

The relevance that design bears to the economy and to the citizens' well-
being was the primary concern for the creation of the MCB Design Award.
The award was launched in 1986 by Jorge da Cunha Lima and Roberto
Dualibi, and it aimed at the circulation and divulgation of design during a
period where this art form was not viewed as such. As a national
competition, the award maps out the thinking and making of design and it
forsees what will be consumed in the market. This traditional award has a
trajectory that mingles itself with the history of design in Brazil and it is
carried out yearly at the Museum of Casa Brasileira, which focuses its
exhibition programme and events around issues of design and architecture.

diseño para la economía y para el bienestar del
principio guió el Premio Diseño MCB. Creada
a Cunha Lima y Roberto Duailibi, durante una
eño era poco conocido en Brasil, la premiación
ación y comprensión. Competición nacional
esta siendo pensado, producido y lo que será
ercado brasilero; el tradicional premio tiene
se confunde con la propia historia del
y es realizado anualmente por el Museo de la
cializado en diseño y arquitectura.

O Brazilian Design Profile 2008
foi impresso no papel Image
Couche Fosco L´D 150 g/m^2,
gentilmente cedido pela
Votorantim Celulose e Papel.

Votorantim

Celulose e Papel